創見文化，智慧的銳眼
www.book4u.com.tw   www.silkbook.com

啟動成功奇象

奇象™觸發系統 創辦人 **王莉莉Shila** —— 著

THE PHENOMENON

國家圖書館出版品預行編目資料

啟動成功奇象/王莉莉著. -- 初版. -- 新北市：創見
文化出版，采舍國際有限公司發行，2023.07　面；
公分--

ISBN 978-986-271-967-1（平裝）

1.CST: 成功法　2.CST: 生活指導

177.2　　　　　　　　　　　　112004664

啟動成功奇象

 創見文化 · 智慧的銳眼

本書採減碳印製流程，碳足跡追蹤，並使用優質中性紙（Acid & Alkali Free）通過綠色碳中和印刷認證，最符環保要求。

作者／王莉莉

出版者／ 智慧型立体學習 · 創見文化

總顧問／王寶玲

總編輯／歐綾纖

主編／蔡靜怡

美術設計／ Maya

台灣出版中心／新北市中和區中山路 2 段 366 巷 10 號 10 樓

電話／（02）2248-7896　　　　　　　傳真／（02）2248-7758

ISBN ／ 978-986-271-967-1

出版日期／ 2023 年 7 月

全球華文市場總代理／采舍國際有限公司　　　新絲路網路書店 www.silkbook.com

地址／新北市中和區中山路 2 段 366 巷 10 號 3 樓

電話／（02）8245-8786　　　　　　　傳真／（02）8245-8718

一本如何啟動吸引力
的使用手冊

為什麼你學習了眾多吸引力知識，卻還是沒有辦法在使用時達到預期效果？

為什麼你說懂吸引力法則但事情發生後又懊悔沒用到？

為什麼你認為自己掌握吸引力法則秘笈而又常忘記如何啟動？

讀到以上內容是不是突然感覺自己也有相同的感受？

那是因為你學了吸引力法則卻忽略了「道」。好比你原本駕駛一台國產小車突然換成了超級跑車，假如你駕駛超跑仍行使在限速60碼的省道，如何能發揮超級跑車的優勢和性能？

有句話說：「有道無術，術尚可求也，有術無道，止於術」，十七年前接觸到影片《秘密》對吸引力法則讚嘆不已，當時下決心往後的日子都要遵循法則過生活。

親愛的讀者，我們是來自上海和台灣的兩岸夫妻。先生曾是多家知名國際房地產項目主講人，兩岸三地巡迴演講協助房仲做到知名國際代銷品牌，太太曾幫助中國高科技護膚業開拓全球二十國市場。我們過去使用吸引力法則，多用「術」而非「道」，譬如在成功這件事上，無論培訓團隊還是自我成長，多在用激勵而忘了強大的吸引力，譬如在商業這件事上，拼「你輸我贏」貪「名利雙收」。我們竟然把強大的吸引力用錯了十六年，如今四十多歲的我們徹底醒悟，放下多個國際生意，創立教導人們運用吸引力過不費力人生的教育機構。

我們非常興奮能遇到王莉莉老師的這本書。讀到初稿時先生情不自禁地尖叫起來，天呢！這不就是吸引力法則的「道」嗎？這不就是吸引力的使用手冊、啟動成功奇象的隨身工具書嗎？

　　王莉莉老師竟然把大多數人運用吸引力時容易忽略但又重要的細節拆分成精準的11法則呈現，生動結合人生中的眾多案例，瞬間帶你進入情境，我們已經看到你越讀越興奮並且輕鬆掌握運用的畫面。

　　這本書不是繁瑣不容易記的幾十個法則，也不是空談你知道的大道理，這11個法則涵蓋了生活的方方面面。每一個字猶如被王莉莉老師注入了魔法能量，你會覺得「啊呀！這不就是我剛發生的事嗎？太棒了！現在終於知道要怎麼做了！」

　　親愛的讀者，有了這本書，你已經啟動成功奇象、已經開始駕駛「超級跑車」在「高速公路」上了，這本書為你「保駕護航」，告訴你什麼時候要「限速」、什麼時候需要注意「照相機」，什麼時候可以「提速超車，盡情飛奔」，領航著你精準高效地到達夢想終點！

　　你過去是不是像我們一樣知道吸引力，但是距離最終理想的結果有差距呢？

　　這本書就是開啟吸引力的使用手冊，請你繼續閱讀！我們一起來啟動成功奇象！

上海智魔文化傳播有限公司執行長
玩賺吸引力.亞太量子顯化研習社創辦人
豐盛教練

大馬哥
丹娜
聯合推薦

想要就能得到的力量

　　幫自己的另一半寫推薦序，心裡有種詭異的感覺。把這書寫得太好、推薦得太over呢……人家大概會說是老王賣瓜；要為了避嫌而寫得太冷靜、客觀呢……你知道的，在家裡可不好交代（笑）。不過不管怎樣，還是讓我用枕邊人的身分來介紹這位作者和這本書吧。

　　跟Shila認識，是緣自我當年搞社團辦的一場財商活動；在活動之後，我以主辦方之利，又再跟她做了後續的聯絡（算是辦活動的福利之一？），幾次互動，我的初步結論是：這個女孩子除了長得漂亮、人沒什麼心機，很單純之外，還有一個最大的特色就是……她根本就是一隻「金頂兔」（或是「勁量寶寶」也可以）！

　　當時，她為了一個舞蹈表演，可以每天早上三、四點起床，從五股家裡騎車到圓山去練習，然後再趕到中山女高去上班。這種「想做一件事就不管三七二十一豁出去」的精神，剛好與我喜歡閒雲野鶴、沒太多東西能激起興趣與動力的習性大相逕庭，也因此更引起了我想要多了解她的興趣……而她的這種行動力，也一路展現在很多其他領域，包括這本書在內。

　　十多年前，我們的公司辦了一場教授有意成為「How-to」類書籍作者的朋友們如何寫出第一本書，以及如何能找到出版社合作的工作坊。而Shila也是工作坊的工作人員之一，在忙進忙出的空檔，也不過斷斷續續地聽到了課程的一些內容而已。沒想到，在第二階段課程

（我們在這天邀請了數家出版社的編輯或負責人前來分享）前兩週，她跟我說：「我也要跟出版社提案！」

我笑笑說：「喔……那妳加油。」不過心裡想的是「公司現在已經有一堆事情夠忙了，妳還想出書？」結果是，她再度發揮「想做一件事就豁出去」的精神之後用好幾個晚上硬是把提案給生了出來。

而成果就是你手上這本書。我為什麼要提這段故事？把這本書往後翻閱，你會看到要啟動所謂「成功奇象」，也就是在6～12個月內，創造出比過去6～12年都更多、更大的成果，有七個行為模式可以依循，而當中有一條就是：「消除構想與行動之間的時間差」。

在教育界有一說是——最好的資訊傳遞者，會做到「Practice what he/she preaches.（自己教的、自己都有做到）」。我向你保證，Shila在書中與各位分享的，她都有實際運用，而她也真的在最近這短短一年內，創造出很多人連想都不敢想，要不就是想很久但是都沒去實現的成果。所以，把這本書帶回家，好好研讀並吸收書中的「7大驅力」與「11個宇宙法則」，更重要的是——跟Shila一樣把它運用出來。這樣，你也可以啟動你的「夢想吸引力」，讓奇象也發生在你身上！

零阻力股份有限公司 執行長
《揮別卡關人生》作者　許耀仁

翻轉人生，實現夢想

如果你正在尋找一本能夠改變你人生的書籍，那麼這本書絕對值得一讀。這本書提供了全面而深入的指南，能幫助你在6~12個月內翻轉人生，實現夢想。

作者王莉莉以清晰明瞭的語言詳細介紹了成功奇象的七大驅力，包括信念、目標、自我意識、能量場、吸引力、行動和靈性。她從她的經驗中提供了許多實用的技巧和建議，幫助讀者在生活中應用這些驅力，實現自己的目標。

本書還涵蓋了被遺忘的11個宇宙法則，這些法則對於實現夢想同樣重要。作者提供了許多實用的技巧和建議，幫助讀者運用這些法則來達成他們的目標。

《啟動成功奇象》也包含了豐富的成功奇象和被遺忘的宇宙法則的實例，這些實例能夠啟發人心，鼓舞讀者相信自己也能夠實現夢想。

最重要的是，本書提供了一系列簡單而易行的練習和活動，讓讀者能加強自己的技能，掌握成功奇象七大驅力和被遺忘的宇宙法則，進而實現自己的夢想。

這是一本非常實用的書籍，堪稱是翻轉人生的成功者指南，想要在一年的時間內實現目標，就要熟讀書裡的內容，只要掌握了啟動成功奇象的方法，夢想的實現就不再是個遙不可及的幻象。

——Chat GPT

12個月內創造你的成功奇象

從《啟動夢想吸引力》出版至目前已屆10年，2022年很榮幸有機會曾站上博客來即時榜第一名。從《祕密》、我合譯的《失落的致富經典》、《The Power力量》、《The Magic魔法》、《Hero：活出你內在的英雄》、《祕密天天練》等書的介紹與推廣之下，「吸引力法則」這名詞越來越廣為讀者瞭解與接受，然而在與對此領域有興趣的朋友們互動的過程中發現，雖然因上述書籍的推廣，大家對心想事成基本上都能接受，只是在試圖運用到創業、職場上時，仍有很多人們還在尋找一個內外心法的平衡點。「相信就能做到」，但實際要去做時，往往會發現除了內在心法之外，也會需要外在行為可以依循的方向。

在我自己的經歷中，有一些寶貴的資訊協助我找到了這個平衡，也讓我在30出頭的年紀，就已經實現了許多願望與夢想（包括創業、買下夢想的房子……等等）。而今我40多歲，除了幸運獲得百萬版稅、也經手過幾個成功的行銷專案（例如：蟬聯冠軍的《原子習慣》、《3分鐘未來日記》和五個多月協助打造一個萬人以上的同名社團，吸引到幾個合作開課的單位，甚至有些跨界的業配合作，今年也再度簽下第二本、第三本作品。

當中對我幫助最大的，其一是啟動「成功奇象（The Phenomenon）」的觀念，其二，則是「被遺忘的11個宇宙法則」。

「被遺忘的11個宇宙法則」是來自1949年雷蒙德·霍利維爾

博士（Dr.Raymond Holliwell）所著的《Working With The Law》，當中除「吸引力法則」之外，還詳述了另外10條有意追求更成功的人生的人們都應該要知道的法則。

這些法則，解釋了為什麼許多人之所以很努力地運用「吸引力法則」，但是卻發現有些願望實現、有些願望卻不管怎樣就是不實現，也幫助我更了解外在世界與內在世界之間的關係，並不只是「相信就能實現」這麼單純，要在有形世界裡顯化出自己想創造的東西，還有許多必須考慮並且去達到的條件。

而「成功奇象」是由直效行銷教父Dan Kennedy首先提出（他也被很多人稱為「21世紀的拿破崙‧希爾」），他根據自己以及在生涯中接觸到的無數白手起家成功創業者的歷程，發現到在這些成功企業家的生涯中，往往會有一段時間，他們在6～12個月之內創造出來的成就，比過去6～12年來得更多更大。這個發現引起他的好奇，因此他開始去歸納在這個現象發生之前，這些人是否有做了些什麼，因而歸結出啟動「成功奇象」的七大驅力。

在我自己於內運用了這11個宇宙法則中傳遞的觀念，於外努力去實踐這7大驅力之後，也確實在自己的生命中不同階段啟動過這個「奇象」，前十年先創立了行號，後來增資為零阻力股份有限公司，績效以及各種機會都還在不停成長當中，公司年營收有至千萬。後十年，經歷過了一些人生的變化，也在不同的時期各有代表作。

我相信《啟動夢想吸引力》能讓處在不知如何平衡內在世界法則

與外在世界行為的朋友們，在追求自己想要的「成功」的過程中，有一個更清楚的參考藍圖，因此希望借十年後推出新版，讓更多人能接觸到這成功的七大驅力及11個宇宙法則；並透過許多包括我自身故事在內的、因懂得順宇宙法則而行，進而能展現「啟動成功奇象」的成功故事，激勵一樣想追求更成功的境界的朋友們繼續向前。

2022年《祕密》作者又推出新書《愛、健康與金錢的祕密》，可知大家還是認同內在力量。但回到現實生活中，面對不同的職場和創業過程，只是單純地認為心想事成，還是會有些差距，有的人會過於靈性，有的人最後又回到原狀，認為那些法則好像不管用。因此，許多人在接受身心靈相關訊息的洗禮之後一段時間，往往因希望的事情遲遲無法在生活中顯化，覺得沮喪而又回到原來的生活方式。

此書結合形而上的宇宙法則概念與務實的行動準則，透過傳遞11個被遺忘的宇宙法則與7個「成功奇象」的觀念及啟動奇象的方法，能幫助讀者內外同步改變傳統舊有模式的概念，轉化為新的、創造性的成功模式，將方法與法則做最和諧的搭配，創造出最理想的成功結果。這樣的資訊，相信會是許多讀者們也正在尋找的。

本書不空談11個法則與成功奇象，而是會提供實際的順法則而行的注意事項與方法，以及要啟動「成功奇象」，讓自己也能在6～12個月內創造出比過去6～12年更多更大的成績所需採取的行動方針，除心法之外也有技法，並輔以我自己這十年來的親身見證，集個人成長與身心靈於一體。

以下是我這兩個10年的簡歷，記錄我從學校老師轉戰身心靈再到創業、斜槓之路：

2001　獲政治大學英語雙修國貿、輔修企管、教育學程

2003　政治大學英國語文學系甲班第一名畢業，甄試上臺灣師範大學英語教學組

2006　臺灣師範大學英語教學組93分畢業，擔任中山女高高一代理老師

2007　六月時底正式離開原來的韓國教會，接觸《秘密The Secret》系列前往澳門科大任大一英講師。

2008　譯作《失落的致富經典》上市，至今已將邁向9萬本，和先生皆拿到百萬版稅。

2009　3.13《啟動成功奇象The Phenomenon》在生日當天開課

2010　成立零阻力教育企業、買房。

2011　3.29 譯作《力量》上市

2012　成立零阻力股份有限公司，任營運副總

　　　《啟動夢想吸引力》著作上市、譯作《魔法The Magic》上市

2013　和先生代理【財富原動力】系列

2014　譯作《Hero：活出你內在的英雄》上市

2015　譯作《祕密天天練》上市、兒子出生、和藝人班傑一起經營漂浮舒緩館。

2016　任風靡資訊股份有限公司、傾國科技股份有限公司總經理

2017　斜槓出版社行銷企畫、身心靈課程講師

2019　行銷企劃蟬聯3年網路書店年度冠軍書《原子習慣》上市，一日66折創下2187本紀錄。

2020　轉行銷總監、也經歷人生谷底。

2021　譯作《最大的祕密》上市

2022　行銷企畫的《3分鐘未來日記》博客來即時榜冠軍，同名社團破
　　　萬人／《啟動夢想吸引力》博客來即時榜冠軍／譯作《給總是太
　　　努力的你》上市／著作《失落的致富能量卡》上市，博客來即時
　　　榜單月收入超過前半年收入。

來自讀者的分享

　　感謝與莉莉社團相遇的緣份，在靜心書寫中我找到了自我內在的
價值，感謝莉莉在社團中的互動和支持與肯定，感謝妳陪伴我走過人
生中一小段迷惘期！

　　緣份相遇進而知道妳是《啟動夢想吸引力》的作者因為對於妳
的信任和好奇而購買書籍來閱讀，發現這是一本教人實踐夢想的體驗
書，而妳就是實踐者本人，我看見了妳的勇敢、毅力和行動力，化不
可能為可能，創造了人生的奇象！

　　很多人都在想像時就自己打敗自己了，沒有付諸行動的力量，妳
卻勇往直前，關關難過關關過，才有了妳的人生夢想成真！

　　7大驅動力與11個宇宙法則，我最有感覺的是接收法則：「給予預
定了後續的接收。」當我只是開心的分享書寫的喜悅時，卻收到更多
的肯定，這是心靈上的富足，比一切都重要。

　　其他的法則也有許多需要去重複咀嚼才能得知其中真理，感謝在
適合的時間遇到妳，在剛好的時間遇到這本書，感謝宇宙的安排！

　　恭喜妳啟動夢想吸引力十週年慶功版——「啟動成功奇象」熱列
上市，祝福書籍大賣!!

～讀者佳伶

Contents

Part 1 啟動成功奇象的七大驅力

啟動成功奇象的前提假設 ⋯⋯⋯⋯⋯⋯⋯⋯⋯⋯⋯⋯⋯⋯⋯⋯⋯⋯ 036

Contents

Contents

　　有人問我小時候的願望是什麼，我那時回答「英文老師」。從我的中文名莉莉可略知一二。但是我只當了四年英文老師，後來就和先生創業，成立了零阻力股份有限公司。那時名下曾有一棟千萬元的房子。而且不是翻譯本科出身的我，居然有機會能翻譯到身心靈界的重點書──啟發《祕密》作者的百年小書《失落的致富經典》和除了《祕密》作者第一本和最新一本以外的系列書籍。

　　我相信我有做對一些什麼事、也符合了某些內在無形的要件，於是能在外在世界上展現一些跟我有類似歷程的人認為還蠻神奇的事。

　　我來自布袋漁村，從小做很多事情就是為了要證明給別人看，很依賴外界的肯定，好勝心很強。直到我接觸到了基督教，我才開始了解內在的法則。但在教會的那幾年，雖然我能憑著意志力清晨四點起來晨禱、十一奉獻，從研究所高分畢業、同時在高中擔任全職工作，我卻愈來愈不快樂。我一直認為我所有的努力成果都可以彰顯神的榮耀，但在原來的教會好像不是這麼一回事。

　　就在那時《祕密》出現了，我選擇離開，而且是離開了台灣。到澳門開始我的「世俗生活」。我努力在外在世界中爭取我想要的，例如大一教學評鑑第一名，得到公費帶學生去美國遊學的機會，圓了我一直想去美國的夢想。

　　但我一直對成功創業抱有憧憬，也知道要擴張到下一個更大的自己之前，要先把眼前的學生教好。所以，我給自己兩年的期限待在澳門。

　　回到台灣後，一開始還真找不到與高中、大學教職薪水一樣優渥的工作，一度願意做原來薪水一半的工作，但對方覺得不合適，所以沒錄取。而一直沒有屬於自己的房間的我，在回台後不久，竟和當時的男友（現在的先生）買了一棟千萬的房子。面對親友的關心和質疑，我也一度懷疑自己是否不該貿然離開澳門、離開教學這個領域。

　　熬過了三個月，老天終於給了我回應——有一位成功的女企業家，因緣際會來找我們了解《人生零阻力》及《財富金鑰系統》，期間她聊到我們其實可以成立一家公司，這樣比較正式。遇到知音的我即知即行，有一天我自己跑去板橋市政府，當天就成立了公司，把我男朋友和那位女企業主都嚇了一跳。

　　隔年三月，為了讓我的生日更有意義，我先生當時將《啟動成功奇象》及《被遺忘的十一個宇宙法則》整理成一天的分享會。那是我第一次聽到「奇象」（The Phenomenon）這個詞——「在人的一生中會有這麼一段時間，你吸引到的合作機會、成就與金錢比以往更多，一切都同步就緒，你在6～12個月內創造出來的財富與成績，會比過去6～12年的總和更多。」這一句對我有很大的吸引力，因為公司剛成立沒多久，而我過去的經驗是當老師，唯一跟商業有關係的是

我大學時期曾經雙修過國貿系和輔修企管系，但也只完成了三分之一！

在聽完《啟動成功奇象》的7大驅力，我很有共鳴；因為某種程度上，我有符合其中所描述的特質，只是在我過去的教學環境裡沒辦法完全發揮出來。而剛成立的公司，也確實需要展現自己的「奇象」。於是同學們相約，一年後看大家能否展現自己的奇象。如果真能在一年實現，就證實這些驅力是真實的。一年後，我們創立的公司確實擴張到需要增資為股份有限公司來營運、我也接到了我的第一本《祕密》系列《力量》的翻譯，並陸續吸引到了很多的機會和合作案。漸漸地，我踏穩了之前一直渴望的創業之路；並更相信、跟隨直覺，一路做大夢想（**Dream Big**）下去。

從《祕密》之後，身心靈界百家爭鳴，有的愈來愈形而上，有的則認為這些太玄秘、套用到生活中無法實現，所以對於這「科學」有所存疑。本來是科學和靈性要有所交集的，到了一段時間又開始分道揚鑣。是否有一個整合的方式，既講內在的心法，又講外在的技法，讓相信宇宙間有一股更高的力量的人也能真的在外在世界顯化？

2012年是很多人認為靈性覺醒的一年，剛好也是這本書第一版的誕生年。對我們這些從《祕密》得到幫助的人來說，面臨到的問題是，那些描述都很有道理，但是當在職場上如果沒有搭配適當的方法，心想還是無法事成。而一些形而上的學派，會認為追求所謂的頓

悟、追求大師的境界是一生的目標，但是畢竟我們還正值青年，正要開始衝事業。

雖然知道不管追求什麼，到最後發現都是為了要「快樂」、「心靈的平靜」，只是從A點到B點中間還有一大段路，要怎樣去活出那樣的生命是我想知道的。應該不只我，很多跟我一樣接觸過吸引力法則的人心裡應該都有這樣的聲音。

而就商業世界而言，近年也愈來愈多家公司是以內在心法為基底，透過外在的一些行銷策略方式來教育整個市場，試圖將大家導向一個比較符合商業法則的良善社會。

愈來愈多人能將內外在的心法和技法整合。許多相信內在法則的人在各領域大顯身手，但大部分的人卻只注意到他們最終的成功，而對真正能使其產生成就的內在心法不去探究。另一方面，其實也有一些本來只專注在內在領域的人，在潛心研究後，體認到既然還是身處在這個有形世界中，應該還是有需要完成的一些成就。於是出現了一批既相信內在法則，也希望在有形世界有一番作為的人。當這樣的人愈多時，愈能更常產生本書所描述的「奇象」。因為內在的靈性法則和外在的世俗成就，其實本來就不衝突！

如果你去觀察白手起家的創業家、成功人士，你會發現他們都有經歷過所謂的奇象。唐納‧川普的生涯可能有2～3次經歷過這個，但如果你去問他是做了什麼事情可以有這樣的結果，他可能答不出來。

而你、大部分的人也都會經歷。一般人可能會認為是隨機發生；但有些人會認為那是某種智慧的安排。

如果你沒有去整理要讓這個現象產生的因素到底有哪些的話，你只能傻傻地做，期待、希望有一天你可以經歷到類似的奇象；但是，正如直效行銷教父Dan Kennedy說的：「『希望』不是一種策略」。

所以你會需要一些「策略性」的方式去經驗這樣的現象，也能有這樣的藍圖、或是參考的標準，比較有參考的方向，而不是只是傻傻地做。本書中所要介紹的七大驅力是在成功學這個領域中一位被很多人稱為「21世紀的拿破崙・希爾」——Dan Kennedy所整理出來的，他幾乎投注了畢生心力在研究「奇象」是怎樣出現；他自己是白手起家的成功創業家，從事的是行銷方面的諮詢顧問。後續也藉身分之便親身接觸了成千上萬白手起家、有百萬美金身價的成功創業家。因為他對這個《啟動成功奇象》這個主題非常有興趣，所以非常認真地透過這樣的方式觀察如何能讓「奇象」發生、這些人有哪些共通特質，以及他們經驗「奇象」之前到底做了哪些事情；最後總結出七大驅力。

除此之外，雷蒙德・霍利維爾博所整理出來的《被遺忘的十一個宇宙法則》也是我們認為一個所謂的成功創業家應該符合的法則。因為關於成功賺錢這件事，雖然宇宙不會在乎好人還是壞人，但是有其它法則在乎。因此我很認同，成功需要透過這些法則加上《啟動成功

奇象》的七大驅力，這樣就能協助一個創業家在6～12個月內就能創造出過去6～12個月的成果。

我會在這本書裡給你看這個過程，協助你了解並運用這些驅力以啟動你自己的成功奇象。我也會用我之前創業、後來斜槓人生所產生的奇象，以及其他成功啟動這種「奇象」的前輩們的故事來佐證。

本書將會先讓你具備要《啟動成功奇象》的基礎；讓你先重塑舊有的信念。之後開始介紹要在外在世界成功所需具備的七大驅力。接著會摘譯並改寫內在的心法──《被遺忘的十一個宇宙法則》。

從高中、大學講師到創業、斜槓之路

20年前的我根本沒想過會創業、斜槓，我也沒想過13年前的3月13日，在我生日那天先生舉辦的《啟動成功奇象》課程，會成為這本書的靈感來源。我知道上完課後我也想要啟動成功奇象，但不是很明確的知道會完成哪些事，因為所有成功者的故事都會告訴你，只要能看到前方200公尺以內的路，終究會抵達目標。從那次課後到現在，我成立過股份有限公司、翻譯了《祕密》系列中間五本書，以及啟發《祕密》作者的書、幫我們賺進百萬版稅的《失落的致富經典》、到馬來西亞演講以及出書。

如果你想要看的是迅速致富的書，那我想你可以先把這本書放在一旁了。但如果你是那種每逢20歲、30歲、40歲……會想一下自己到目前為止的人生到底做了哪些事，就請繼續讀下去。

創業的天份？

青輔會在2008年曾經進行過「創意世代‧玩創意‧拼創業──年

輕女性創業意向調查」，結果顯示「創業」是多數女性的夢想，有高達86%的女性曾經有過創業的念頭。而當年開始想投入創業市場的女性也已經小幅超越了男性。隨著女性自主意識的抬頭，創業、斜槓已經成為女性實現自我的一種方式。在這項調查裡發現，有過創業想法的年齡分布，以25歲到30歲的比重最高，占了22%。此外，在受訪者的身份中，想要創業的女性上班族比率高達88%。這些具有創業動機的年輕女性，想要當自己老闆的最大原因不外乎是「成就夢想、自我實現」。對於期待自我實現的女性而言，自己能夠創造獨當一面的機會，會比在大組織裡等待被賞識、被拔擢來得有吸引力。那時的我剛好蠻符合這些描述，於是在2010年離開教職後和先生成立公司，那年我29歲，也的確是為了實現自己的理想。

我在大學選修過企管和國貿課程，知道怎麼看懂資產負債表、401報表、損益平衡表。這就是我僅有的商業知識。商學院一般會要你準備充足的創業資金、擬妥營運計畫、聘請顧問團。可是我創業的時候其實沒有符合幾項。

我的本科是英語教學，碩士論文高分畢業後，本來有想過是否要趁勝追擊再去考個英語教學博士班，但是一方面是碩士已唸得很痛苦，連教授幾年後還寫信來跟我道歉，當初有拗了我讓我晚些畢業，一方面我自己好像也不是能鑽研學術論文的個性。而在大學所學的那些商業科目，對我那時的公司經營也算有打下部分基礎。

　　我平時也會留意一些新創的課程進修，想把事業帶向另一個嶄新的局面。我有某種程度的自信，想把事情做得比以前更好、更快、更特別，所以對一些事情容易看大不看小。例如我會認為挑戰出現時，轉個彎就可以了。

　　創業的人會需要一定程度的樂觀，甚至說是「自負」。由於我活力充沛，我先生常說我像勁量電池寶寶一樣，一直馬不停蹄地做事。年輕、缺乏經驗那時並沒有成為我的絆腳石。

蛻變期

　　2007年我先生印製《失落的「世紀」致富經典》精裝本如圖，本來主要是給他當時的團隊學習使用，他那時是用長文案的方式在網路上賣這一本165元的書，扣掉運費、印刷成本，一本大約賺個100元。如果1千本順利都賣出去的話，應該可以賺10萬元吧。不過雖然努力了好一陣子，也只有300本（也就是大約3萬元）。這對2001年網路行銷還不像現在這麼普及的那時來說，透過銷售自己印製的書來賺錢已算不錯。尤其對於我這個從傳統體制出來的老師來說就很驚訝，這樣居然也有人買？

我們那時的經濟狀況一度蠻糟的，就在他看完《祕密》影片和書後，某天他洗澡時蹦出一個靈感——與其堆在床頭底下，不如把這些好書好好運用。於是他找到當時的「與神對話」的主持人周介偉老師，說要免費贊助每一場的電影放映活動的贈書，但相信金錢能量會流動的周老師說要用買的，而且第一次就買了不少本，這對當時的我們來說像是即時雨一樣。就在《祕密》和中心的推波助瀾下，1000本一下就清光了，又再加印了第二刷和第三刷，也都賣光了。

後來他又把另一套公版權《財富金鑰系統24週函授課程》如法炮製用長文案放在網路上賣，最早一套賣6480，當時也至少推出了250套以上，又有另一桶金、不需要借資金來創業，因為賺的錢已經足夠支付各項費用，甚至能購買許多的配備，讓當時的工作室煥然一新。

他用的不需投入大量資金的方法就是所謂的「浮帳」，因為我先生信奉的一直是直效行銷大師Dan Kennedy那套哲學，就是「先拿錢才提供服務」，套用現在的說法，就是「預購」，所以像他的24週課程並不是先完成製作後才開始銷售，而是先寫好文案，製作了前幾週，等到有人真的買了，才繼續把每一週的趕上進度。

執行力

我知道打交道是做生意很重要的一部分，剛好我是比較喜歡公關的人，而我先生較內向、給人比較穩重的感覺。所以當有人一開始是

因為慕他名而來談合作時，通常是我先代表接洽。

例如當年有一位網頁遊戲公司的執行長透過網路找到我先生聊關於內在的主題，後來她提到想找到好員工，但之前透過人力銀行找到的不是很符合他們的理想。她那時包了一個Java產學合作的教育訓練班案子給我們執行。因為她本身也是透過我們當時代理的測驗了解自己後調整策略，月營業額從原來的1千多萬，到後來超過8千萬。那是我第一次做整合行銷，最後這個班25名中有5名後來進到她的公司上班，還有人因為在這個長達25週的課程中多養成了一種技能，所以課程結束後竟被獵人頭公司挖角到更高的職位。

依照國外獵人頭公司的收費相當於第一年薪水的四分之一來說，我們提供的服務，就成果來看真的是物超所值。

另一個案例是，當年我們曾和一個新加坡公司的創業老師談代理，回台後就是要積極物色是否有出版社要出這位老師的書。由於那本原文書很厚，而且作者的第一本中文書雖然不錯，但不算是暢銷書。後來在朋友轉介下，認識了新出版社。

我整理了作者的資料、確認了出版社的意願後，除了審譯費，出版社也給我們預付版稅。我們公司也規畫了一波行銷，跟出版社一次先進400本書，用社群網站宣傳索書活動的影片（Book Launch），索書者只需付部分運費和行政處理費、到博客來上寫心得就可以。有些讀者看完書裡的內容，有興趣進一步了解的就會主動跟我們接洽。

我們夫妻只知道國外曾經有人這麼玩過，雖然是第一次執行，但我們相信應該也可以做到。我們還自己做影片讓出版社可以放在博客來建檔宣傳，省下他們的人力和預算。

我先生早期比較是「一人飽、全家飽」那種概念，想開課時才開課。不過到了買房子、成家、有小孩後，就不能這麼隨興了。

我省下最多錢的學習費應該是我先生的課，因為他開的銷售文案課、心靈成長的課在當時的市面上都算不便宜，而我很多關於網路行銷的技巧、金流、策略聯盟、簡易網頁製作等都是在這些課堂上才學會。

買房把家裡當工作室一年後，有了想搬到台北辦公的想法。一方面是公領域和私領域分開，一方面是方便學員、員工的交通。但這時回頭看其實不是一件明智的決定。不到半年，因租金過高我們以一半的租金退到交通中間點，租了一間可容納原來一倍的員工。不過因接了一些其他外務，加上人事管理不當，也演變成另一個事業的低潮期，這些轉換正面角度來看，也是養份之一。

發覺商業潛力

某年的大學就業博覽會，一位董事長看了我的職涯測驗結果後直接叫我到他們位於信義區的公司讓另一位總監進行下一階段的面試，

沒想到過去教學資歷洋洋灑灑的我，被打回票了，因為他說我申請的職位跟我履歷上的教學經驗根本不相關。如果我想要目前的職位，累積的應該是相關的經驗。但是凡人總有第一次開始吧，而且其實是董事長跟我談過覺得我有潛力的。本來是想把這家公司當成轉換跑道的第一家，不過最後還是無緣。所以我很能了解，一家新創企業要起頭有多麼不容易，因為大家會看你有沒有經驗，但正是沒有經驗才更需要第一次的經驗和機會。所以創業的老闆只好學會包裝自己，如果遇到貴人的話就更如魚得水了。

我了解自己在經營的身心靈產業，剛好在《祕密》後，很多人對吸引力法則有興趣，所以我先生當年算是踏在浪頭上，結合原來的網路行銷、長文案、直效行銷的方式培養出一群穩定的客戶群，因此後來成立的公司不算完全沒有基本盤。當時也有很多人也做類似的事，只是我們夫妻的優勢在於我們兩個都有翻譯的底子，他又喜歡找國外一些不錯的產品進行中文化，而且寫的文案有一定的品質以上，而我也幸運地從一開始毛遂自薦到一路翻譯了《祕密》系列的重點書，所以這十多年在身心靈這領域算是有代表譯作和著作。

商業法則和靈性法則能不能同時並存運作？

一開始我們和當初建議我們成立公司的顧問兼好友，就在我們剛買的房子餐桌上討論計畫。即便公司那時只有我們兩個人，她一開始

就把產、銷、人、發、才等架構好。我雖然一直把Dream Big當成slogan，但說真的我還沒有那麼具體的想法。反倒是剛上完我先生課的她，因為在協助中小企業有很多的經驗，所以她很早就可以預見我們之後的樣子。因為她相信在商業法則和靈性法則的共同運作之下，我們一定可以渡過挑戰。事實到目前為止，也真的是關關難過，關關過。特別是中間還有經歷過生死關頭。

後期資金從哪裡來？

用小規模的事業體營運了一年，直到跟新加坡談完合作，覺得需要引進外部資金才能規模化。創業籌錢最難之處是除了找人募資外，知道自己需要多少錢來維持也很難。我們本來算了一個相對保守的數字，但顧問提醒我們，如果把週轉金、緊急預備金、保險也算進去的話，恐怕不只那個數字。但要去哪裡籌到這筆錢？

後來先生的朋友、也是我們婚顧幫我們轉介紹了幾位投資人願意當小股東。一開始我們沒有籌到原本訂的目標，但先進來的資金以及我們自己當時的現金流是足以負擔得起幾個月的營運成本的。就用這初始資金做最大的發揮吧，因為我們自己就是公司的最佳代言人。在那位顧問的協助下，股份有限公司的資本額調高幾倍，公司第一階段的融資，我們出讓了4%的股權。

一開始就有說明第三年起才開始會給股東分紅，也都有主動邀請他們開股東會，讓他們了解投資的錢花到哪裡去。我們算過剛成立的公司第一年能打平就不錯了，也有規畫如果公司淨利達到某一個數字時，就可以分一定的比例給股東們，後來因為我們的職涯有轉向，我們也把這4%的股權買回，另外多給股東一些做為他們的小額獲利。

遇到智慧財產權的問題？

從事教育訓練業，特別是線上課程，智慧財產權的侵犯行為也見怪不怪，我們的某項產品文案也曾被用簡體整個複製整在網路上賣，錢當然是進他們的口袋。朋友看到我先生的名字，還以為是那時我們的生意已做到中國去。雖然的確是有那邊的學員，但實際上是被複製走了。後來想想，當成是在打知名度好了，而且我們也相信宇宙法則「補償法則」的存在，沒有合乎商業法則的在未來，也會透過靈性法則而得到相對應的後果。

早期公司的員工學歷只是參考而已。我發現我先生所從事的領域跟我原來的世界不太一樣，不見得只能透過我原本知道的方式賺錢。在他建立的基礎上，我發現頭腦靈光真的比學歷風光來得重要。

我們的顧問一開始就要我們準備勞動契約，即使是認識的朋友共事，還是要簽訂協議書，以確保彼此權益，一段時間後再視情況修

正。而當人變多時我們也會發現，如果要求看到一定的成果，就得有人扮「黑臉」，光只是相信靈性法則還不夠，必須告訴他們創業的初衷是什麼。

「當一個企業存在超過一段時間，人們開始考慮的是自己的生涯規畫，而不是下一個偉大的產品。」

——朗·利伯《年輕創業萬萬歲》

尋找導師

我知道我和先生並不是完全掌握商業運作，軸轉過、也跌過幾次大跤，因此會放下身段，向我想就教的人學習。而我很幸運的是，在不同的人生階段有遇到不同的朋友導師，而相信我的成功、失敗經驗也可以鼓勵一些人，特別是跟我一樣從原來的舒適圈裡走出來、曾經啟動奇象過、卻又在某個瞬間失去一切，再次經歷從黑暗到光明，再次啟動奇象，又要歸零重來……等旅程的你。

例如買房子時認識的大姊，讓我對於房地產有一定的了解。認識的一位業務高手張老師，她來我們公司的時候，曾告訴我在我身上她看到一些跟她當年一樣的特質。創業初期曾陪我們最多的那位財富自由的顧問。還有在我在人生最谷底時，有幾位顯化能力可觀的朋友從旁支持我。

　　我相信這些成功的女性朋友，當初一定有同樣的勇氣才能跨出舒適圈，聽她們的故事也都很勵志，不外乎逃避痛苦、追求快樂。

　　我也相信我之所以被賦予能翻譯身心靈書籍的能力或說是使命、從事的又是整合商業和靈性的教育訓練，應該也是有無形智慧的安排。所以我把翻譯每本書的過程，當成是一種自我的心靈療癒。很共時地，這十多年來翻譯的每一本書作者也都像是我智囊團顧問、導師。讓我再進化、成長，然後再把它應用在工作上，讓理論和實務可以結合。

　　讀到這裡，不知道你是否從我的歷程中找到共鳴之處？這本書並不是要叫你裸辭去創業，而是希望帶給你啟發，不管你是否要創業或斜槓，就算你選擇繼續待在原來的地方工作，你都會用一種新的眼光來看待。

　　創業、斜槓的過程中我所學到的東西，讓我更具「吸引力」，也認識或吸引了許多創業魂、追求生命成長的靈魂。2022年、我42歲的這一年，我的人生有再一次的成功奇象，那麼你願意讓你的個人或事業奇象發生在幾歲呢？

　　我用十三年的時間實踐七大驅力、十一個宇宙法則來啟動成功奇象，而我相信你也可以！

啟動成功奇象的
七大驅力

啟動成功奇象的前提假設

　　The Phenomenon [fə'namənən] 這個字的解釋是指像日蝕一樣不常見的現象。這裡指的是，在我們的人生當中的特定時間，我們會發現好像突然間天時、地利、人和，然後在六個月到一年的過程當中，你可以創造出來的結果大於過去六年到十二年可以創造出來的結果。

　　這種現象被一位國外的長文案老師Dan Kennedy稱為Phenomenon，中文譯為啟動成功奇象。這個詞是什麼時候出現的呢？其實早在Dan Kennedy之前，就有一位美國有聲書工業的創始人Earl Nightingale[註1]提到：

　　「在人的一生中會有這麼一段時間，你吸引到的合作機會、成就

註1：Earl Nightingale最大的成績是美國的有聲書工業。他原本是廣播主持人，後來轉做保險，也發展得不錯，有自己的營業處，他發現業務員常需要激勵。保險業有早會，早上大家會聚在一起集體精神講話，再出去拚業績。但激勵的效果無法很持久，到了下午業務員又垂頭喪氣了。有一次他出去度假一個月，沒辦法繼續激勵員工，所以他想到了一個辦法，和另一個人一起合作，把激勵的內容搬上廣播、錄製CD，裡面有課程、講座內容。於是就這樣一手建立起有聲書的出版工業。

與金錢比以往更多，一切都同步就緒，你在六至十二個月內創造出來的財富與 成績，會比過去六至十二年的總和更多。」

Dan Kennedy覺得這句語很有激勵效果，就跟我當年聽到這句話時的感覺一樣。現在回頭看，過去的十二年（請看本書P.8）所發生的事，如果是同樣的一年乘以十二的話，那麼要打破過去的記錄很簡單。但如果這一年當中你運用了關鍵的驅力，那麼你接來的六到十二年，乘以六或十二，結果會很驚人。

問題是要怎麼做到？

如果你去觀察創業家，他們一定都有過這樣的經歷。你覺得是隨機發生的嗎？其實有某種智慧的安排。你可以期待、希望成功，但希望不是一種策略。需要一些策略性的行動方式，而不是只坐在那裡想。有一些人對《思考致富聖經Think and Grow Rich》這個書名產生誤解，跟《祕密The Secret》一樣。鋼鐵大王安德魯卡內基跟拿破倫‧希爾提議給他一個案子訪問包含在他內的成功人士為什麼會成功的特質，可以運用他的人脈做貼身的排訪。歷時二十年採訪五百個當代的成功人士，歸納出十二個特質。這樣的架構，讓想追求成功的人有方向、有很高的機率可以成功。

而丹‧甘迺迪本身是白手起家，也觀察了這些人士成功之前做了哪些事情，並參考《思考致富聖經》十二個特質架構，整理出本篇要談的7大驅力。

但要啟動成功奇象前，我們需要先溝通觀念。

正確的哲學

想想你喜歡哪一種哲學？第一種認為，一個人能在這個領域獲得成功，並不代表其他人（包括我在內）也能得到一樣的成功；第二種認為，既然有一個人能在那個領域獲得成功，表示其他人也可以得到成功，包括我在內。請問你選擇接受哪一種哲學？

別人會成功是因為他的教育背景好？機遇好？有富爸爸？長的帥和高？比較年輕還是比較資深？是命或基因的問題？《祕密》一書提倡要正面思考，但我到現在還沒成功……一定是我不夠正面？

參與啟發《祕密The Secret》作者的百年古書《失落的致富經典》、還有其續集《力量》和《魔法》……等譯作，就知道《祕密》這一本有其市場導向，把一些事情簡單化。這沒有對錯，因為這樣能讓更多人接受這個早就不是祕密的祕密。不管從宗教、量子物理學、醫學、心理學、個人成長等方面研究，最後會發現殊途同歸，但總要有一個入門款，就是「吸引力法則」、「心想事成」等基本概念。結果一些只看到表面的人，忽略到了其他商場上、宇宙的其他無形法則，所以不管再怎麼想事都不會成。

試想一下，如果《思考致富聖經》的原文書名中間多增加四個英文字變成「Think **and work like hell** and grow rich.」，大概就沒有

人會買了，因為大家喜歡聽到「神奇的方式」，而不是真相。

有一些人已經慢慢感覺到失望：「為什麼我的想法這麼正面還是沒有看到成果？」因為我們存在有形的世界裡，所以金錢是無法憑空出現，需要經過特定的行為、行動才能產生，你需要調整思想，但如果什麼都不做，就什麼都不會發生。

這兩種哲學沒辦法讓你視情況選邊站的，要不就是選第一種，要不就是第二種。如果你希望這樣的成功奇象發生在你身上的話，就要調整到第二種哲學。這是可以「刻意練習」被創造出來的，只要你符合某些條件即可。

清晰明確的方向

> 愛麗絲：「可不可以告訴我，接下來我該走哪條路？」
>
> 柴郡貓答：「那就要看你想去哪裡囉。」
>
> 愛麗絲：「其實我沒有特別想去哪裡耶。」
>
> 柴郡貓答：「那你隨便走哪一條都可以！」
>
> 愛麗絲解釋著：「只要我能到達某個地方的話……」
>
> 柴郡貓答：「噢！你一定到得了的，只要你走得夠久！」
>
> ——路易士·凱洛《愛麗絲夢遊仙境》

如果我們不知道到底要去哪裡，或是不知道想要的是什麼，那麼不管我們選什麼路，都會帶我們到某一個目的地。但是最後，那真的會是我們想去的地方嗎？

有一個研究蒐集常春藤大學應屆畢業生的個人資料，五年後再將他們的資料建檔，以追蹤這些畢業生中到底 有多少人會成功。結果驚人的是，只有3%的人在日後選擇的職業中獲得相當程度的成功。這群人和其他人最大的不同就在於——這3%的人有清楚地寫下明確的目標！

你現在在哪裡？你要往哪裡去？

自己有事業嗎？你是上班族？過去三年你總共賺了多少錢？你現在有多少資產負債？你的流動現金的狀況如何？你有經營副業嗎？每一個客戶一年的價值是多少呢？客戶的終身價值是多少？試著認真回答這些問題，就能了解你現在在哪裡？

三年後你會在哪裡？你開的是什麼車子？過的是什麼樣的生活？

現在的你，回答得出來嗎？

也許有人讀完後也想去創業，那麼這些問題會更重要。這些問題至少會讓你有個方向，讓你的心智可以運作，成為你想要的樣子。如果你希望可以財務自由，那麼你的計畫是什麼？

「偉大的創業家不創造成功，他們創造的是讓成功發生的條件。成功的財富創造者們都懂得如何創造運氣。」

——羅傑·漢彌頓

我們要投資時間來建立屬於自己的運氣。試著在物質財富、健康、關係中挑一個你目前最重視、最希望經歷奇象的領域，不管滿意或不滿意現在的狀況，請用客觀的第三人稱描述現在的狀況。接下來問問自己三年之後你要在哪裡。在2009年的3月13日我在生日那天希望自己能經歷創業的奇象，2012年的3/13，除了順利成立了股份有限公司外，也拿到人生第一本書的合約。而2022年的3月底前，除了陸續翻譯了《祕密》系列共五本譯作外，也協助另一個公司從零開始在五個多月內打造了萬人社團，除了帶動公司業績、產品聲量和個人品牌外，也再因此讓我多接到不少跨界合作和兩份作者約。

很多人在目標設定時，中間都被快轉掉了。知道現在，也釐清了未來，現在我們要做的是把中間空白的部分一幕一幕拼上去。

那要如何取得工具呢？有沒有你現在就可以採取的行動？例如打個電話、整理資料？

就算你完全不知道從現在到未來中間的差距有多大，那也是好事，因為知道自己不知道，才會找方法，才會因此採取行動。

　　許多人學了吸引力法則，都會出現順利找到車位、有人送東西之類的小確幸，但最後卻發現只有小事會實現，大的事情反而都沒有實現。中間有一個落差——就是「行動」，但問題是不知道要採取怎樣的行動。

　　你可以去找資料，也可以去問前輩，如果你去問的話，百分之八、九十的人會很樂意回答，因為平常他們很少被問到這些問題。他們分享的經驗中，有些關鍵因素也跟接下來要介紹的7大驅力有共同之處，後文將有詳細的說明。

第1大驅力
消除構想和實踐的時間差

常聽到當某人事業成功、有所成就時，有人會說：「我之前也曾經那樣想過，只是沒去做而已。」

幾年後別人做出來了，而且一鳴驚人。那人會說：「如果那時有做出來的話，現在就……」。也就是說，沒有讓構想付諸執行的最大原因是——根本沒有去做。

如果你希望自己可以多點成就的話，就算有一些機率會搞砸，還是可以去嘗試看看。就像所有電影的行銷都是需要規畫和投資的，檔期先訂下來，投資十部片，可能會有六部是賠錢，其他兩部打平，另外兩部賺錢，統計下來還是賺的。

也就是說如果你一有想法就去實踐的話，十個想法中可能就有兩個想法會產生非常龐大的成果。為何要這樣建議呢？因為你無法一開始就判斷哪一個是好的想法。既然沒有辦法判斷，那麼去做，就算失敗，也會讓你距離三年後的目標更接近一點。

羅傑‧漢彌頓把這個時間點定義為「關鍵時刻」——決定遊戲是輸是贏的時刻。你能否判斷出這些關鍵時刻，以及你在這些時刻的反

應，將會決定你的人生。

　　你是否曾閃過某些想法，但尚未採取行動？人通常會很習慣地找很多理由不去採取行動。本來要學某樣東西或技能、提一個合作的方案，卻一直遲延。你何時要採取這個你早就應該採取的行動？哪一件是你等一下就可以馬上做的事？例如約會、簡單的計畫？一件就好。可以在半個小時以內完成的事情是什麼。如果你有這麼做的話，會牽引出一個奇妙的效應，就是你會吸引到所需要的資源。只要你開始採取行動，即使一開始的方向是錯的，也會吸引來你需要的資源。試試看去做那件事，你的心情將會很好。

　　許多人應該都有過這樣的經驗，要跟某個人通電話前會害怕，後來發現擔心的事沒有發生，顯然是白擔心了。之前因為害怕而遲遲不敢打，但最有效率的方式就是直接面對。如果是舊習慣的問題，就用新習慣來打破，有做到的話就給自己一個掌聲，下次再克服其他的習慣，發揮「原子習慣」的力量。

　　羅傑・漢彌頓認為每一場遊戲都是一個學習循環。你玩的次數、累積的經驗多寡，都會決定你在未來「關鍵時刻」的表現。我們在生命中可以仰賴某些關鍵時刻，當這些時刻來臨時，行動或反應的一個轉變可能完全改變我們的結果。所以在像這樣的關鍵時刻，我們的直覺是最重要的。

　　除了在很短的時間決定去澳門教書、很短的時間內成立了公司，

有一個決定的時間更短：有一年我先生本來受邀前往馬來西亞演講，結果到了機場才發現他的護照有效期不足六個月無法出境，所以打電話回來緊急處理，結果剛驚醒的我從知道必須由我代打去馬來西亞演講到打包行李、買票、趕到機場，只有三小時！！詳細的過程我將它分享在第二部分「被遺忘的十一個宇宙法則」中的「無阻抗法則」裡。

另一個近期的例子則是，2021年我為了實驗在《流量密碼》原文書（Traffic Secrets）中提到的「FB社團流量密碼」，本來在團隊還有所考量時，我先用個人帳號成立了社團想驗證書中提到的整合個人、社團、粉專三個地方的力量，沒想到從一開始的兩人，五個多月的時間因為一本日記書，社團人數達到了萬人以上，包含我自己在內，大家一開始都沒想到，但因為我是教育訓練背景出身，所以當時聽同事提起，得知日本作者在書中提及「社團」，於是我憑著「直覺」，讓我們的社團人數達到日本的十倍以上！

（延伸參考：https：//mailchi.mp/b2eb4e434869/trafficsecrets）

這裡想要說明的重點是，生命中有一些重要時刻，你必須得在很短的時間內做出影響你人生的重大決定。所以，從此刻起，盡量縮短你的構想和實踐的時間差，這樣才能及時修正，盡早累積你大大小小的成功奇象。

第2大驅力
速度、速度、速度

成功者的速度都非常地快，他們可以在同一段時間啟動很多專案，並且試圖去完成所有的專案。

你可以速度很快，也必須加快速度

不知你是否有看過公園裡有一種給小朋友玩的設施，一開始靜止的狀況需要用力推，然後會轉得愈來愈快，產生一股「動能」。應用在人生當中，這會產生一股「吸引力」，可以幫助你吸引到對的人事物。

就算不用吸引力法則來看，從人性的觀點，你會不會想要跟一個每天都懶洋洋、行為懶散的人在一起呢？「不用啦，人生舒舒服服地過就好了」，就算是動作很慢的人也不會一直想跟很被動的人相處或共事，如果你手上有一筆資金，你會投資給誰？

為什麼那些成功人士這麼有熱情？如果希望像他們一樣，那就要加快速度。即使過去的速度比較慢也無所謂，只要慢慢加速就好了，

但前提是你想要經歷這樣的奇象。如果你沒有打算要經歷奇象、不渴望夢想成真，相信你也不會看到這裡，但如果你希望你的人生不只是現在這樣而已的話，就要加速。

十一個宇宙法則中的「順服法則」提到：順服商場法則，會對你產生益處。如果你本來就是行動派的話，那就請繼續快下去。

2010年零阻力公司剛成立，我用我先生在《用寫得就能賣》書上和課上所教的，寫了一篇短文案放在租屋網刊登廣告。結果就有好幾通電話打來，我只帶看了三組，六天內就把房子出租出去並且完成簽約，而且那位好房客一次就先繳了半年的房租，也就是我一年只要收兩次租即可。

勇敢打破速限

在你做的事情、你的行業中，一定有一些約定俗成、該做或不該做的事。有時你有一個新構想，但同仁或是資深老鳥可能會電你、潑你冷水，「我們這一行不能這樣做啦！」但是真的是那樣嗎？

你也許會問，進到一個新的行業，聽話照做，有什麼不對？1980年代的成功學歸納出全世界1%的人擁有99%的財富，或是近代認為20%的人擁有80%的財富。這是不是說明了，不管是99%或是80%的人對賺錢的觀念可能是錯的，才會造成這樣的現象。如果你要創造

個人財富、想轉換方向的話，可以找你的成功典範，向他們學習。如果沒有人可以仿效的話，那就看一看大部分的人怎麼做，然後做一些跟他們不一樣的事，因為至少你知道照他們那樣做的話能得到的收入大概有多少。

成效不好的話為什麼不能改？為何不挑戰約定俗成的限制？如果你希望能經歷成功奇象，當別人都在同樣的事時，就算你還不知道該怎麼做，但至少要知道自己不能再繼續做一樣的事。規則就是用來打破的，既然是人訂出來的就可以打破，為什麼你不可以是下一個訂規則的人？

現在請思考一下，你所在的行業有沒有約定俗成的限制？例如幾點上班？名片的統一設計？每會必到就會成功嗎？上班族一定要朝九晚五、關在公司裡面嗎？該做的工作要做完，做完了還不能早走，一定要待滿八小時嗎？因為有人曾經想過這問題，所以出現了彈性責任制、在家工作等，企業主應該多鼓勵一些富有創意、帶給事業突破性發展的想法。成員可以挑戰既定的規則，「一定要這樣做嗎？有沒有其他的可能性？」問對問題的話，現在一定有可以做的事，就會開始啟動一股動能，幫你吸引到能協助你達成目標的人。

通常如果有一個新的構想出現，很多人會等待，會開始擔心、害怕，明明是很有搞頭的計畫、案子，但卻要一直等待資源，說：「我沒有資金、人才、know-how，所以要等等」。建議是不要等太久。

你可能會反駁：「可是我就是沒有資金、人脈、資源啊，那我要怎麼做？我沒有辦法採取行動啊？」可以轉換思維，問自己正確的問題，比如說：「那我如何能夠在沒有所需資源的情況下，達成我認為需要有這些資源才能達成的這件事？」強迫自己去思考這樣的問題，就可以產生新的想法、概念和創見。

當有創見的時候，還要能同步進行，如果要求自己馬上要做到位，試了一段時間你會因為覺得做不到而想放棄。以前習慣做完一件事才做另一件事，其實你可以試著增加強度變成同時做兩件事。久而久之你就會習慣手頭上一次有兩、三件事正在進行。去看看那些白手起家的成功創業家們，是不是都有這樣的本事，手上有二十幾件事同步在進行，卻不會亂、不會累。

每個人一天都是二十四小時，奇怪的是，就是有人有辦法同時間讓所有的事都進行得很順利，該做的都做到位。我相信那就是「原子習慣」的養成。同步進行是一個目標，給自己一些空間去調整。現在就一定有你可以開始做的事，別再等待資源，要同步進行，不需要一個一個慢慢來。

「對你要玩的是哪種遊戲的那股篤定，將擴大提升你的吸引力量。」

——羅傑・漢彌頓

　　我很認同「勇敢打破速限」，因為我也常同時處理好幾件事。雖然看在旁人眼裡，會覺得我把自己弄得太累，也偶爾會出現有一些沒有處理得非常完美的情形。但是我認為我們應該學習這些成功人士如何多工，又能把事做好，而不是為了把一件事做到完美，就放棄可以多工的可能。

　　我發現自己能同時間不只做一件事的能耐是在大學時期就養成了，大二那一年我順利申請到教育學程、英文雙修國貿、輔修企管，所以我的最高記錄，是從早上九點上課到晚上九點，中午還在上課，整整上了十二小時，只能抓緊下課短短十分鐘的時間吃飯。

　　甄試上研究所後我先回母校中山女高實習一年，保留碩士學籍一年，第三年寫論文準備畢業時，高中學務處的幹事要去進修，請我「全職代理」她的職務，管理四十多個社團。當下評估覺得還好，沒想到後來題目臨時被換掉（多年後收到教授來信道歉說出真正原因），我白天因有正職而走不開，只能利用下班時間找教授討論，再利用晚上、或週末時間盡力趕論文，加上那時我在教會還是舞蹈團成員，必須清晨四點到集合地點拉筋、練舞。還好老天保祐，在無數個社團成果發表中鍛練出我辦理大型活動的能力外、還順利完成舞蹈表演，論文最後也高分畢業。

　　2012年剛出版這本書時我也是徹底的多工，從團隊擴編、轉成股份有限公司。我個人又陸續接下兩本重點譯作，除了白天處理公司的

重要會議和假日必要的公司、家庭行程外，大部分的時間都在處理文字稿。

回想這些過程，中間當然會有很辛苦的時候，也付出了一些代價，但讓我能不放棄、一直走下去的，就是看到自己啟動的「成功奇象」。

關於轉職的問題，如果你想轉換跑道，但目前有穩定的工作，轉換後成功的話是沒關係，但若失敗的話可能有被唸的風險。那有沒有可能兼顧？其實在轉換的過程中可以先保有原來的工作，等到新的工作穩定後再放手也是可以，運用下班後的黃金時間，做好轉換的準備。除非你心臟夠強、準備裸辭，否則還是要先確認有準備至少六個月的生活費。

有人問，多工會做不好的原因在哪裡？是因為能力、時間不夠？如果是能力不夠，要如何強化能力？強化怎樣的能力？如果是時間不夠的話，為何有人能做到，也不會喊時間不夠？其實是你的時間管理出了問題，要思考的應該是時間管理的方法。但方法其實還是其次，重點是在思維。

90%以上的人會直覺地認為不可能做到某件事，這是潛意識反射。如果你認同「速度」的話，想的應該是怎樣可以讓速度加快一點。你是要想「怎麼可能？」，還是要想「怎樣讓它變成可能？」。當你在想如何讓自己可以同步處理很多事時，你的意識、潛意識就會

去搜尋答案。

也許會有人質疑多工的效果，但我要說明的是：因為時間掌控得好，所以雖然看起來是同步，但每個時間點都是專心在一件事上。有些人一次只專注一件事，也沒有辦法達成百分百，如果你一個小時內可以把三件事都成功完成的話，就去做，但如果你本來不是一個速度很快的人，可能會不習慣多工。其實每個人本來就會有速度上的不同，但這裡指的是「打破你過去的速限」，不見得本來講話慢的人講話要變快，而是指在行動上可以快速，讓單位時間可以處理的量增加，例如之前一個小時只能完成50%，但因為你加速的關係，現在可以完成80%，甚至是把它做完。

要克服速度加快讓你不舒服的感覺，三年後的那個目的必須是你夠想要的，或者你已經受不了現在的狀況了，這樣打破速限就能變成一個新的原子習慣。

宇宙不會有靜止的時候，所以你無法維持現狀。當停下來時，也就會停止提升。依過來人的經驗來看，如果你現在不開始改變，到了某個時候，情況會糟到逼著你不得不改變，妙的是大多數的人通常都選擇這樣。

也有人雖然對現在的生活不滿意，也有想過未來理想的生活，但還是得過且過，雖然很想要未來的那個目標，但「想要的程度」也沒有強大到非得到不可，一天過一天，還只是停留在「繼續想要」的階

段。

　　建議你可以先跨出第一步，當得到小成績時，先給自己一些鼓勵、累積一些小成功。例如學會某樣東西、參加了過去不曾參加的聚會。這樣朝目標就更進一步。只要開始了，就有可能加快，小成功就可以帶來大成功，這時動能就出現了。與其等待激勵的力量大到可以讓你採取行動，不如先採取行動，再來累積內在的動力。不管是對自己或是事業夥伴，讓自己的心專注在那些小成功上，不要告訴自己說這又沒什麼，反而是要提醒自己看見有做到的那些事物，這樣將會牽引你的速度。

第3大驅力
創造極度的個人或事業優勢

擁有存在於市場的強力理由

很多人開店的理由是「這是我想做的一件事」或「因為我只會這個」。如果你想要獲得成功奇象，光是這樣還不夠，因為市場並不會在乎你要什麼。市場不會因為這是你想要實現的夢想就去光顧。

有一次丹‧甘迺迪在課程中問一對夫妻，「你們為何要在XXX開餐館？」得到的答案是「因為我們想要擁有自己的一家店」，第二個答案則是「因為我們想要搬去住」。當然還是有一些人的確是因為這些理由繼續存在市場中，但通常市場只在乎他們要什麼，不在乎你為什麼要開這家店。你很想做的東西，市場不見得會理你，不會主動問你這方面是不是很厲害。

有人問：「那我們要怎麼知道市場要什麼？」看一看現在的趨勢，從各媒體中找到有用的資訊，抓住下一個要起來的趨勢是什麼。請注意太多人一窩蜂的時候，就不是你該投入的時候。

如果說你要創立自己的事業，你要想你會的東西市場是不是有很

多人都會。如果你是一位財務規畫師、教育訓練者、玩具設計家、投資者，這還不夠。你要深入去想，台灣有多少個財務規畫師？客戶為何要選擇你？你必須要幫自己找一個在市場上存在的理由。要做就要讓人家看得見，如果不這樣的話，你會覺得生意很難做。當你告訴別人你的專業時，如果突顯不出來，沒有人會知道你的本事這麼大。如果你想要經歷那樣的奇象，你就得找到能突顯自己的理由。你會需要一個你能存在於市場的理由，這樣消費者才能知道為何要把錢給你？為何要用更高的價格雇用你？你能提供什麼別人沒辦法提供的東西呢？

策略性的自我定位

下頁圖中的金字塔有個特性，就是愈往上層走，錢和影響力就會越大。越接近底層，影響力就愈小。因為太多人跟你一樣，所以如果你繼續維持這樣的定位的話，你賺得的錢和影響力會更少。

丹‧甘迺迪提到現在所謂的「新經濟」，就是指市場上每一種領域的東西都太多。在任何東西都太多的狀況下，如果突顯不出來的話，消費者就不明白為何一定要要到某一家店去消費。

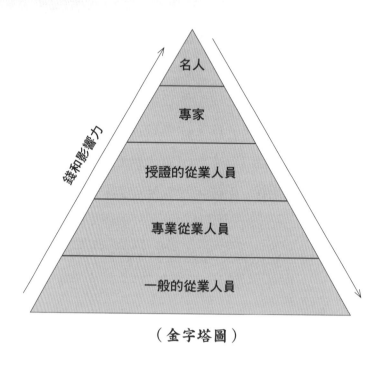

（金字塔圖）

為何要成為理想客戶眼中的專家？

因為你的理想客戶群們都越來越忙，有很多事情需要他的注意力。每天都被一堆行銷訊息轟炸、越來越不信任廣告行銷訊息、越來越討厭有人試圖對他銷售任何東西、越來越不喜歡不請自來的廣告行銷訊息。

但是如果你能成為他們眼中的專家，他們會願意並且重視你提供的訊息。會變成客戶主動來找你，希望尋求你的建議，而不再是你去拜託他們給你生意做，反而會有很多人主動找你合作。即使你的開價

比別人高，對方還是會願意買單，銷售或行銷方案會更容易成交。

那麼，要如何成為理想客戶眼中的專家，金字塔圖從下到上依序如下：

- **一般從業人員（Generalist）**▶ 例如：房仲。

- **專業從業人員（Specialist）**▶ 比一般房仲再上去一層，例如專賣豪宅的房仲、法拍屋的房仲，因為他們有獨特的專業。如果希望提高創造財富的影響力，在你目前所在的行業裡，有沒有可能專精在某個地方。

- **授證的從業人員（Certified Specialist）**▶ 有認證過的專業人士。在你的領域如果有一些證照可以拿的話，可以累積一些證照。但也有些人不一定需要證照，看你所在的領域而定。

- **專家（Expert）**▶ 出過書、上過談話性節目的人也容易被定位為專家。別人認為你是什麼，決定了你創造財富的質量。下一個問題是，你怎麼成為所在領域的專家？投稿、參加比賽、上相關的電視節目？讓已經是專家的人替你背書、請名人推薦、花錢請人拍照代言、利用網路或社群媒體。提供你的專業知識，建立一群讀者，那麼你就是他們眼中的專家。

丹‧甘迺迪的建議是，不要讓自己太好找。想辦法讓自己擁有專家應該具備的東西，開始寫書、讓自己有料，對全世界宣告你是專

家。「啊！可是，我這麼年輕，有很多人比我厲害，我憑什麼說我是專家。」這樣的想法我以前也曾質疑過。不過我在我先生的【雲端事業加速器】課上曾舉例，如果有兩個人一樣年輕，都是保險從業人員，一個有寫書、一個沒有，你會找誰買保險？如果現在沒什麼人認識你、沒什麼實績，你可以找一個更好的槓桿，讓你逐漸取得專家的地位。也許你本來就是一個很好的財務規劃師，但出了書，有一本代表作之後，不用介紹太多，別人很快就會信任你。如果市場覺得你是專家，難道你還要繼續懷疑你自己？

只要你有專業能力，就試著寫書吧，不管是要透過出版社還是自費出版都可以。另外，有兩個問題要先想好：「寫給誰看？」、「提供的內容可以解決什麼問題？」也要有行銷的思維、出版社除了在乎你想要寫什麼之外，也在乎這本書會不會賣，最好的就是會賣的好書，畢竟不是做慈善事業。你要先找出為什麼你的書有存在市場的理由？為什麼要選擇買你的書？找到不同的點切入。如果覺得成本太高，也可以先出版電子書。

不要認為當專家很困難，你只要挑選一個領域，在那個領域挑三本最頂尖的書研讀完，你懂的已經比百分之七十的人多了。假設要成為身心靈的專家，可以請教身心靈領域的前輩書單，中間一定會有重疊的書，那些書就是必看的經典，其他的就當是參考書。如果你希望成為某個領域的專家，就要有自我行銷的概念，除了有膽識自己出來

說自己是專家外,也要有對應的實力。把自己提升到專家的位階,大幅地提升你的財富水平。

- **名人/網紅(Celebrity/KOL)**▶ 成為名人是獲得財富最快的方式,不管哪一種名人或網紅,代言、演講、演唱會等都能帶來一定的財富。如果要盡可能加速創造財富,就要積極讓自己成為名人。但什麼時候要開始做呢?

　　或許有人會這樣說:「我比較想要低調。」如果還沒成功就想要低調,卻又想要快速創造財富,是相對困難的。得到財富後,只要你想選擇低調,市場很快就會忘記你,只怕那時是你自己放不掉那光環而已。唯有在其他人知道你代表的是什麼的時候,才能吸引到有助於提升聲譽的資源。

　　「機會有兩種,一種是你創造的,一種是你吸引來的。知道如何傳遞其中一種,並吸引另外一種,是決定你出賽表現水準的關鍵。」

——羅傑・漢彌頓

　　丹・甘迺迪常說:「反正一定會有人不喜歡你,既然這樣,不如做你自己。」你要跟大家一樣,還是跟大家不一樣?雖然很難,但還是要盡量學習讓自己對批評免疫。

朋友分享他從事的工作跟爸媽原本期待的完全不一樣。他問自己一個問題：「爸媽的生活方式是不是我要的？」他很確定不是、財務狀況也不是、思維也不是，只要他成功了，就能說服自己的父母。由於他堅持往自己要的方向前進，所以累積了一些成功，家人也漸漸地從一開始的反對、懷疑，最後變成了肯定。

不過，不見得每個人都適合走同樣的路，如果大家都去開公司，誰來當員工？如果你不適合這樣的路，不一定要走，你一樣有其他方式可以啟動屬於你自己的奇象。如果聽到這樣的可能性會讓你心跳加速的話，表示你的靈魂深處有共鳴。

尋找或創造獨特的資產

找找看有沒有什麼是專屬於你而別人沒有的資產？有什麼東西是很少人擁有的？ 這是一種自我定位的方式。如果你想要經營一個事業，要創造一些別人沒有的東西。已故的蓋瑞·哈爾伯特（Gary Halbert）是寫一封信賺1.78億美金的世界第一文案大師，他說這會需要三個S：第一個是「故事（Story）」、第二個是「明星主角（Star）」、第三個是「解決方案（Solution）」。例如Burt's Bee。商品上是一個養蜜蜂老農夫的照片，說是祖傳的跌打損傷藥。類似的明星產品很多種，可是因為有這些特色優勢，所以可以與其它商品區別開來。

鑽石田的故事相信大家不陌生：有一個農夫擁有一座農莊，土質不是很好，所以很難種植。那一段時間大家流行開採鑽石，他想說也去賺一點錢，如果挖到鑽石的話就不用在農莊裡浪費生命。最後他並沒有開採到半顆鑽石，反而客死異鄉。而買下農莊的人，把一些奇怪的石頭帶回家。朋友來拜訪時說這是鑽石，於是找人來鑑定，發現原來農莊底下是非常大的鑽石田。這個故事是用來比喻最大的機會和最好的資源常常就在身邊，一旦成為你的資產，就要去保護它。

為你的事業建立經濟優勢

針對你現在或是未來的事業，雖然你目前的資本額不是很高，但在爭取一個客戶時你願意花多少預算？如果你花的比你的競爭對手多，他們會認為你瘋了，國外有些案例就是那些公司乾脆把他們認為瘋了的公司直接買下來。前提是你能讓毛利變高，例如，如果你的資訊型事業毛利能達到30%，用3%去爭取一個客戶也是划算的。

建立一個複雜的事業系統

行銷系統、銷售系統和訓練系統為何要複雜？因為系統只要建立一次就好。我們公司常用的網路行銷系統如下圖，假設有三家公司跟我們做類似的行業，看完這個雲端事業流程圖後，有些人可能會覺

得太複雜了，回去後不見得能模仿。如果你的公司系統作法很簡單的話，不要引以為傲，因為如果很多人都可以做的話，那就會回到金字塔的最底層。所以如果你有經營事業、或是個人品牌的話，要確保你做的事不容易被模仿，這樣會比較有價值。而既然是系統的話，任何人參與，應該都可以創造出一定以上的獲利。

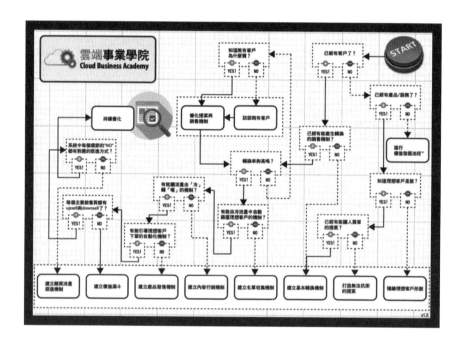

免費藍圖索取

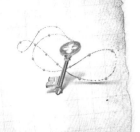

第4大驅力
投注於建構系統

　　速度來自於系統，要將一切系統化！可以系統化的不只事業而已，任何事情都可以系統化。回想一下你去任何一家便利商店的經驗，是不是走到門口，就大概知道想買的東西放在哪裡、或是影印機&提款機大致的方向。未來如果你有事業的話，要建構可以複製的系統。

　　寫文案、寫書其實也有個系統，只要加以排列組合，就可以產出內容。使用適當的時間管理系統也能幫助你的工作或事業產生效能。

　　每個人的使用習慣不太一樣，這裡舉《搞定》裡提到的GTD（Getting Things Done）、《原子習慣》書裡也有分享到的「兩分鐘原則」，指的是新習慣的開始應該要少於兩分鐘，愈是把一個過程的開頭儀式化，愈有可能進入成就大事所需的高度專注狀態，要先標準化，才能最佳化。

　　判斷能兩分鐘內處理完的，就馬上處理掉，不能處理的就安排時程。

　　要做計畫。前一晚寫下隔天一定要完成的三件建設性的工作是什麼，其他事情晚點做沒關係，但這三件一定要先完成。（可搭配【能

量磁化行動日誌】Day10使用。）

執行。要把三件事完成，每次專心做一件事。例如早上安排要寫社群文章，在這段時間中，把所有可能會影響你的障礙排除掉，讓自己不會受到干擾。

我們之前使用過mavenlink，這個平台能夠讓我們把專案計畫排程出來，專案相關人員在專案期間所有相關的資料也都能被完整的記錄下來，進度更新時，大家也能隨時了解狀況。最近我比較常用的是Trello和process.st這兩個平台，它們也有類似的團隊協同功能。

系統不用一開始就很完美，可以隨時檢視這個系統，調整到最有效率的程度即可。如果你目前沒有事業、也沒有打算創業，其實在你的工作上也可以，以有效、最能產生效果為前提做這方面的訓練。

第 5 大驅力

看見隱藏的機會

你的最佳機會通常隱藏在改變和逆境之中、與你過去累積的資產有關,而且換個新觀點就能看到。

▼ 機會隱藏在「改變」之中

當一個時代改變時,能改變自己的人通常就是那些能啟動成功奇象的人。人的傾向不喜歡改變,所以如果渴望大成就的話,要注意隱藏在改變之中的機會。

我去澳門教兩年書的時間正值他們酒店大舉興建的時候,所以特區政府為了要培養大學生畢業後進入職場以因應市場所需,才會從香港、內地、臺灣找尋人才,而那時我正想改變,剛好碰到也在改變的澳門。美麗的威尼斯人酒店就在我那時任職的澳門科技大學對面,每天都可以享受像在羅馬威尼斯人的氛圍。多年後再去,學校對面已不只威尼斯人酒店,整條路氹金光大道上盡是美侖美奐的渡假村酒店。

機會常隱藏在「逆境」之中

成功模式在哪裡？據說《祕密》一書能在美國大為流行，是因為碰到美國經濟不景氣的時候，那時這類的書籍能帶給大家力量，於是在這樣的逆境中作者朗達‧拜恩反而賺到了錢。

我飛到澳門前的那個暑假，本來是連想要買一台冷氣放在工作室都有點掙扎，結果在相信《祕密》吸引力法則下，除了原來自印的《失落的世紀致富經典》銷售完外，透過光中心周介偉老師的介紹，方智出版社找上我先生正式出版《失落的致富經典》，而且拿到了首刷兩萬本的預付版稅，目前累計近九萬本，我們兩個各拿到七位數以上的版稅。

跟你過去累積的資產有關

不要小看你所累積的一切，說不定那就是你的鑽石田。你可以做年度盤點。重新修訂這本書的同時，我也在盤點這四十多年的時間到底累積了多少東西、經歷過哪些重大事件。一般而言，我們比較習慣待在熟悉的範圍裡面，看的書、節目、參加的聚會都是自己覺得比較安全的。如果你只跟自己熟悉的領域打交道，就會像「阿嬤的火腿」的故事一樣：一對新婚夫妻，太太說要用火腿熬湯，先生覺得太太把火腿的前後切掉很奇怪，太太回說她的媽媽都這樣做。於是他去問岳

母為什麼，岳母回說她的媽媽也這樣做。他只好又去問阿嬤，阿嬤就說了：「那時鍋子小，才切掉啊」。結果中間竟沒有人挑戰過為什麼。

多看不同種類的書、多參加不同種類的聚會，可以吸收到不同的觀點。把其他行業的優點套用在你的行業上，這樣才有新的火花和觀點。

換個新觀點就能看到

多接觸你領域之外的人士，誰規定網路行銷、出版業、保險業……只能那樣做，你可以參考其他行業的資訊，然後變成新的商業模式，創意其實就是排列組合。

～第 6 大驅力～

尋找或是創造有效賺錢的方式

你的賺錢管道最好是……

🔑 有讓你達成目標的可能

如果你想年收千萬，也許你要加盟別人的系統。如果你做的是小吃店的生意，要淨利千萬可能會比較難。不過如果做的是興趣的話就沒有差。你的事業是一個賺錢的管道，要如何做事業最有效率？假設要賺一百萬，淨利一元的東西你得要賣一百萬個、淨利一百元的東西你得要賣一萬個、淨利一百萬的只要賣一個，例如： 房地產，因為價格高、毛利也高。所以有機會的話可以找高價的產品來銷售。

🔑 能發揮你的技能、長處與強項

若選擇的剛好是你可以用到的天賦強項的話，這樣賺錢會比較開心，因為不會浪費時間和能量。找到熱情、天賦與收入之間的「甜蜜

點」，若行有餘力，還能進一步回饋社會。

能用上你現在既有的人脈、資源或能取得他人的資源

盤點自己現有的資源，如果你發現到目前為止，合作過的客戶都覺得你不錯的話，可以運用人脈資源來多創造一些事物。

沒有太多既有的限制

各行各業多少都有一些做法、價格上的限制。所以新進人員進去後只能按公司規定用固定的售價賣出產品，或者限制只能在某一些框架做事？其實自己的掌控權可以大一點。

能同步創造收入與資產

資產就是把錢放進口袋的東西，你會希望你的事業是一個可以同步創造收入和資產的最佳模式。舉有運用「直效行銷系統」的例子來說，如果你開的是一家餐館，當收到一筆交易金額後，要怎樣同步去創造資產，讓進來的客戶成為有終身價值的名單？例如提供會員制、

折價券、寫食譜書銷售給客人，其中一個最好用的方式就是想辦法留下他們的姓名、生日、郵寄地址或email。當消費者下次過生日的時候，也許就會帶兩個以上的朋友一起來店裡慶生，所以你爭取到一個人，就等於多了兩個以上的客戶，每個人都有生日，而且每年都有生日。如果你有「創造收入時，同時創造資產」的這個想法，不要只是賣套餐而已，要想一些行銷噱頭。如果可以蒐集到一千個名單的話，就經驗上來說有20%的人會再來消費，這樣就可以計算出基本的營業額大概會有多少。因為掌控權在你手上，不會因為別人操作失當而損失金錢。

你找到的這個機會、事業、工作跟你的能力、強項有關的話最好，因為即使你累了也會覺得還可以。如果是你做起來如魚得水的事，那通常就是距離你三年要達成的目標最近的事。你不需花太大力氣就可以做到七、八十分的事，就是你最大的資產、最快速的方向。

第 7 大驅力
克服這個行不通的直覺反應

「有一件多數人都很擅長的事，就是在聽到X之後，馬上就能想出為什麼X不適合他們、為什麼X無法套用到他們的事業、他們的生活之上的一堆理由。」

——丹・甘迺迪

　　常聽到有些人請教別人給予創業的建議，卻回說：「我們這一行沒辦法這樣用啦」。有些是沒錯，但真的行不通嗎？雖然這是大部分人會有的直覺反應。但假設我應徵上你開的公司，然後我很擅長告訴你說某個概念無法執行，請問你會願意花多少錢請我？

　　找出「為何不可能」無法為你帶來財富，財富來自於想辦法使其成為可能。

　　你應該也聽過不少成功的例子是想辦法實現別人認為不可能的

事，這就是他們能經驗到成功奇象的特質之一。多問自己：「我怎樣讓這些事成為可能？」、「在毫無資源的情況下怎麼做到？」

（此段可搭配【能量磁化行動日誌】使用：寫下你曾經如何在資源有限的情況下，讓一件看似行不通的事成為可能。）

如果是速度比較慢的人，要如何讓自己的速度加快？如果你認為你目前的行業侷限性比較大，完全毫無頭緒，要如何經營下去？不知道要如何建構行銷系統的話，要怎樣得知那些知道的人是怎樣辦到的？回到一開始的兩種哲學，你是要認為雖然有人能做到，但那是他可以，不代表我能做到？還是你要認為既然有人能做到，代表我也一定能做到。

「吸引力法則」告訴我們調整思想是重要的，但你的行動和你的思想一樣重要。當你了解了7大驅力的力量，在你的生活中要如何使其發生？最好能「同步」做到這七項：加快你的速度、消除構想和行動的時間差、開始創造極度的個人或事業優勢、建構系統、看見隱藏的機會、尋找創造有效賺錢的方式。

假設我們把創造財富的管道分為一到十分，有一個管道只有四分，就算你努力提升自己達到十二分，對你的財富增加會有很大的幫助嗎？理想的話是，挑到對你而言是十分的機會，並且培養自己具備十分的能力。

也要評估一下這個事業是不是一個你至少能支持三年的事業。三

年後你要不要是那個樣子？你的薪水不會因為你繼續待在原來的職位就變兩倍。事業和工作是幫你獲得你想要的生活型態之工具。既然是工具，不合用就換掉，看一看其他的可能性。

有些事情一開始就是錯的？

要不要繼續下去？所謂的「堅持」這件事被很多行業放大，但一般的堅持和我們認同的不一樣。如果明知道這是一堵牆，一直撞牆撞不過去，就應該轉彎，這和有沒有毅力、有沒有努力善用資源沒關係，而是用智慧來判斷其他的可能性，把堅持放大時是很崇高，但未必就對，畢竟我們要的是達到目標，不是跟障礙耗到底。丹‧甘迺迪分享說有些人可能會認為這樣是在找捷徑，但要澄清的是，不是說努力工作不好，而是說一樣要上六樓，有電梯可以坐的情況下，你硬要走樓梯，也稱不上是一件值得讚許的事。有比較快速的方式，只要不傷害別人、遵守必須的原則即可。

丹‧甘迺迪原本的財務狀況並不穩定，他原本堅持六年一定會達到目標，結果上去後又下來，到了最後一次，才終於等到機會讓他爬上去。當你知道那是機會時，請把它當作最後一次，因為那是很重要的關鍵。如果人脈沒有人家廣、錢沒人家多，該有膽識時就要有，大多數人會停在某個狀況無法往前，是因為怕失敗。

如果你想過跟大家不一樣的生活的話，就要做不同的選擇。不然這些資訊只能當參考。試想你如何讓這7大驅力成為你的行為模式、規畫你的職業？

就丹‧甘迺迪的觀察，當你同步時，成功奇象就會出現。不過我會建議一開始先一個月啟動一股驅力，七個月後這7大驅力就會同步了。之所以不會建議七個驅力同步啟動的原因是有人很容易陷入第一種哲學，就是認為啟動成功奇象只有那些成功的人士才可以做到。

至於從哪一個開始，建議你從讀到目前為止最有感覺的那個驅力開始，如果都差不多的話，那從哪一個開始都沒有差。人通常都高估了一年能做到的事，但低估了自己能在十年做到的事。也很容易高估一個月能做到的事，但低估了自己能在一年能做到的事。一年內發生很多事是可能的，想想看明年的這個時候你在做什麼？說不定你完成的事真的是你過去六到十二年從沒完成過的事。

比如說，如果你把書寫出來，就比過去的人生多了。所以不要想把所有的事情壓縮在一個月內做完。拉長成六至十二個月吧，看看一年後，你的成功奇象會是什麼？

7大驅力的實際運用

相信看完7大驅力的你，也可以在自己的領域當中舉一反三，我

這裡所分享的只是我的歷程而已。在我第一次接觸到「讓自己在六至十二個月之內創造出來的成就，比過去六至十二年來得更多更大」這個成功奇象概念不久，剛好看到先生推薦《賺錢跟吃飯一樣容易——90天快速拓展多種收入的財富食譜》這本書，於是下載書裡提到的一份十七頁的電子檔，是作者用房地產、其他人和自己的資源來設定九十天的執行計畫。當下覺得自己應該立即動起來運用這7大驅力，所以就從我身邊有的相關資源開始行動：

房地產方面的經驗

關於這一項，最好的例子就是協助先生成為包租公。那時我們剛搬到透過「餅乾盒夢想版」顯化的獨棟透天後不久，我請先生把公公之前在社子還沒都更的老房子交給我去試出租看看。從搬家之後，那工作室就一直空著，但因房子是登記在公公和叔叔名下，所以原本他第一時間就說最好不要，因為怕處理起來會很麻煩。最後是由我自己開口跟公公說想幫忙出租。

公公去整理房子，我協助拍照，然後第一次自己寫招租文案上架。沒想到效果出奇得好，第一天我就接到不少來洽詢的電話，而且第一通還是有名的音樂工作室的人打來的。不過後來租給的是第二組客人，他們一現身時我馬上就防衛起來，因為他們穿的是仲介的制服。後來才知道他們住在附近，跟公婆一起住，因為孩子大了，又希

望可以跟爸媽住近一點，才想說短期先租附近的房子。

　　本來我們正煩惱說每個月要收租比較麻煩，萬一房子臨時有問題時可能得請住比較近的公公先過去處理。還好這一對夫妻說他們可以一次付半年的房租，只要能打個折，然後房子相關的問題他們可以自己解決。於是房子租給他們的一年當中，除了一開始簽約、半年後去他們住的地方收下半年的房租，順便看看他們住的狀況之外，都沒有其他麻煩的事情。

　　在出租房子的過程中，我雖然接了很多通電話，但總共只帶看了三組客人，因為覺得要一直帶看不同組客人，似乎不怎麼有效率。所以看到這組客人不錯，馬上就決定了。這是初嚐當包租婆的體驗，也讓我確實體驗到第一和第二大驅力的加乘效果。

善用自己的優勢

　　談到第3大驅力「創造極度的個人或事業優勢」，因我的個性喜歡求新求變，比較不打沒有把握的仗，一旦鎖定目標就會堅持到底，回顧截至目前的人生經歷：三個月自修甄試考上研究所、在很短的時間內通過澳門科技大學教師的面試、協助行銷專案從零到五個多月打造出一個萬人社團……我知道我有一種在決策上快狠準的優勢。當我們的學員兼朋友提到其實我們提供的教育資訊產品已經可以開一家公

司時，我當下也覺得時機到了。這也是我先生公司的優勢，因為我們有引進、或是結合一些別人少有的產品和服務。

我也是後來才開始學習文案、經營各個社群。又剛好因緣際會能陸續翻譯《祕密》系列和其他身心靈相關的書，而啟發《祕密》作者的百年小書《失落的致富經典》因版稅約，所以截至目前仍會收到版稅、近幾年還多了電子書的版稅。大部分是一次性的翻譯費，除了多點收入，最重要的是奠定和累積我在身心靈圈的部分聲量。

你的個人優勢是什麼？如果你不是創業主，那麼你在你個人崗位上的「獨特賣點」是什麼？你的不可替代性是什麼？找個時間放空、或放個假，好好想想這個問題吧。

不管你是屬於哪一個角色，上班族、創業家、主管、父母……等等，唯有找到你的個人優勢或事業的優勢，才能確保在你的位置上啟動屬於你的成功奇象。

能不能系統化？

第4大驅力「投注於建構系統」，在這幾年疫情期間其實對於像我這種原來比較不擅長系統化的人就得投資時間學習或是請先生協助，我透過銷售文案把一些課程上架，除了自己透過社群銷售外，也和一些教育單位合作開課，一開始比較靠手動，但學員較多時，包含

泰國、馬來西亞、新加坡、美國、中國、香港等華人圈，這時課程、產品訂單成立後、或是銷售流程的跟進，其實就很需要仰賴系統化。其實在公司的各部門、職位也需要系統化才能提升績效。即使是公司已經有提供SOP，每個職位還是可以想想看有沒有更好、更適合的作業流程。這樣的分工對於人資主管來說也是一種系統化，對於個人和公司全體而言都是正面的。例如近期跨公司的合作簽備忘錄，已經進化到可以用線上點點簽的方式，不用只仰賴紙本寄回、或是簽名拍照回傳電子檔，只要手指在手機螢幕上簽名即可。這對要處理大量合約的負責人來說省下了大量的時間，甚至是省下很多寄送的時間。

找出隱藏的可能性

我先生以前曾透過網路行銷的方式做過直銷。當時的公司有兩款營養商品是用藍色玻璃瓶裝營養液，剛好當年因為正流行可裝太陽能量水的「零極限」藍色空瓶，我靈機一動突然想試試看網拍，也就是啟動第5驅力——「看見隱藏的機會」。

很早之前我就開了拍賣網的帳戶，本來是為了幫一位大姊出清她一些有品牌但很少穿的服飾，後來因為剛開始還沒有流量和積分，而且標價也不算便宜，所以沒賣出半件。沒想到重新開張的藍色玻璃瓶竟意外闖出名號。當時市面上一些售價六百多元的瓶子容量其實小很多，我就將七五〇ml的藍色玻璃瓶標價一百元，並讓我們家認養的貓

跟商品合照，也寫了一篇短文案。結果真的有人買，而且至少賣出了三、四百個，回收了幾萬元，剛好可以順便支付認養的貓結紮和動手術的幾千元醫療費。我還鼓勵先生團隊的其他夥伴也去回收空瓶，用我的文案、照片也無妨，有的人沒有網拍帳號，我就幫忙上架，分一半獲利給他們。一開始大家也覺得我的構想有點好笑，大呼「怎麼可能？」，後來真的有人買時才開始相信我，並出現更多拍賣瓶子的賣家。

更有趣的是，會有這樣的靈感是因為我們家都會固定做資源回收。但請阿姨來回收藍色玻璃瓶時，她說玻璃瓶沒辦法賣錢所以不收。沒想到我靈機一動，就把垃圾變成「黃金」了。

另外一個例子是2021年的後疫情時期，許多行業都受到衝擊，那時斜槓任職行銷企畫的公司讓同仁在家工作三個月，我同時進修《網路行銷究極攻略》作者羅素・布朗森的原文書Traffic Secrets（《流量密碼》），除了可以用在工作外，也能提供影音筆記給學員，在Facebook（現改為Meta）的「社團流量策略」章節，有提到可以整合「粉絲團」、「個人」和「社團」三個不同的社群屬性來帶動流量。

因為聽同事說起日本作者在書中提到她們有個「私密」社團，在書市不若往年、實體活動也受疫情影響時，我順勢協助那時的出版社成立「3分鐘未來日記」社團，想實證一下國外老師教的策略是否有效，但與日本不同，我將社團設定成「公開」社團。沒想到五個多月

後，社團人數就這樣破萬了，而日本的社團在寫這篇文章時人數還在幾千人左右，出版社那時就這樣後來居上、創立了成員破萬的社團。

因為這是集團之下的作品，所以一開始本來有詢問是否可以用公司名義成立粉專，但當時公司考量到這個作品無法代表任何一本書，所以沒能成功。

這是後疫情下我看到的「隱藏的機會」：

透過「使用者自主產生的貼文」（User-Generated Content）？可以省下一些廣告費，當時很想嘗試的我，決定先用個人的名義去成立與書籍同名的社團。以公司名義建立社團與個人名義建立相比，會多出一筆透過公司粉專上的「社團」按鈕間接帶來的流量紅利，這部份只能透過公司相關的粉專貼文、公司電子報以及我的粉專貼文引流，帶到社團連結來增加流量。

我以前管理過的社團沒有這麼快速的成長，在連續帶動100天不間斷貼文之後，大概在一個月左右時，一醒來就突然看到社團成員變成幾千人、第二個月時來到了五千人左右，直到五個月時，終於達到破萬的人數。對其它社團來說，這數字可能不算很多，但對近幾年的出版社來說，只靠一本書在五個月內成功達到萬以上的人數，還是具有一定的挑戰性的。

這就如同《啟動夢想吸引力》（啟動成功奇象）的核心精神：

「人在6～12個月之內創造出來的成就，能比過去6～12年來得更多更大。」博客來因為這件事而和當時的出版社談了一個特案，本來是一書一日記，但為了慶祝社團破萬人，2000本限量1書2日記的優惠，後來也進了年度的百大榜單。

因為當時是不得不用個人名義成立社團的，所以我有了「版主」的身份、加上連續100天產出不同貼文帶動社團成員分享自己寫下的日記，所以間接累積了一定的聲量，有更多人藉此知道我出過《啟動夢想吸引力》一書，同時還是《祕密》系列的譯者，因此去追蹤了我的粉專，選購我推薦的其他書籍和自己的資訊型產品《能量磁化行動卡》和《能量磁化行動日誌》。停滯了一段時間的《啟動夢想吸引力》甚至又再一次登上了博客來即時榜第一名，進而在十年後催生了搭配行動卡和行動日誌新包裝的《啟動成功奇象》問世。

當社團人數達到幾萬人後，因為公司政策上的考量，我將版主的管理權移交給公司粉專。但和當時學的網路行銷觀念不太一樣，用公司身份發文和個人發文的流量、觸及落差較大，加上其他個人考量，一段時間之後我選擇了離職、去內觀十天。

出關後我重新匯聚能量，用我和先生過去累積的資源，進行啟發《祕密》作者的《失落的致富經典》的延伸作品《失落的致富能量卡》的預購，最後比原訂的時間提前一星期完成原訂目標的出售，客單價也提高了28%，加購相關產品的轉換率也達到7成5以上，也因此

在正式上市時拿到了即時榜第三名。

總結來說，機會隱藏在改變裡，而且通常在「逆境」中，這跟過去累積的資產有關，只要願意換個新觀點就能看到。

看到這段經驗分享的你，若正好處在改變、逆境的十字路口，靜下心來盤點一下過去所累積的，說不定當中就有類似的隱藏機會。

是否最有效？

至於第6大驅力「尋找或創造有效的賺錢方式」，會因每個人的天賦而異。所謂的有效是對你自己個人而言，也就是說，對你有效的不見得對別人有效。市面上很多有效的賺錢方式也不見得都適合你。我曾經當過高中和大學老師的社團幹事、翻譯、寫過銷售文案、聯盟行銷，也當過一年的包租婆、買賣過房，但是對我而言最有效的賺錢方式，其實是「放大」我所屬公司的品牌。因為我比較像是代言的人，所以透過借力使力，我能接觸到原本接觸不到的人，經手的金額和機會也會變多和變大。

我跟一般上班族的差別在於，上班族每月的收入是可預測的，但創業、斜槓的收入是必須要靠自己去努力的。每個人喜歡的賺錢方式都不一樣，所以找到對你自己而言最有效的方式最重要。

別自我設限了！

至於要如何運用最後一個驅力：「克服『這個行不通』的直覺反應」呢？在你的生活中會常常出現「不可能」這類的話嗎？還是你周遭的同事或朋友常常會有這種反應呢？我是那種障礙出現後會一直想辦法解決的人，雖然免不了會有情緒，但會覺得這是考驗我有沒有能力可以超越的機會。如果通過了障礙，就會覺得自己又再次提升了。

不過關於這一點要提醒一下，自己認為事情沒有不可能時，不見得別人也會這樣想。「一直撞」跟「不斷試」還是有個區別，當你要擇善固執時，可能要做好心理準備，除非有把握將能帶領大家到一個更好的結果，不然的話也會流於偏執。這裡說的「克服『這個行不通』的直覺反應」指的是，在你還沒有盡全力就想放棄、說不可能的時候應該要克服的心態。當已經盡力，結果就不強求，但是如果還沒有盡力、一開始就覺得「不可能」，認為過去沒有人做過、都是對方的問題等，也許你會錯過一次可以越級打怪的機會。

問問自己在工作崗位上，有沒有發生過當別人交付你一項任務，或是你自己想做一件事時，你的直覺反應是「不可能、這個行不通」？如果有的話，一旦克服了，你就啟動了這一股成功驅力。

既然我們想要的是在六至十二個月內能創造出過去六至十二年所沒有過的結果，你可以先從你打算開始的那一天起開始設定六至十二個月的目標，而如果你想嘗試不同的領域，你也可以以三個月一季為

目標。透過計分的方式來記錄你每天的行動，直到這些分數累積到可以產生實質的收入。

理想的情況是每一週的總分都要比前一週還高，而下一個月的總分也能比上一個月高。直到你完成足夠的行動，且能實質產生賺錢的機會時，你就能產生動能。看起來像是一個遊戲，也像是一個專案管理。大多數的人會跟自己比賽就是因為想要超越自我，這個簡單的過程能使你專注在創造財富的目標上。如果你無法依照這個「系統」去執行，你會發現自己很容易被一些無法實質產生收入的事情分心，延緩你啟動成功奇象的時間。

以下分別舉四個不同領域的例子來說明，你可以舉一反三，重點是把一年分成四季，填完你想完成的目標。每三個月過後，回頭看看你的進展。如果你一開始還不清楚自己要設定哪一個方向，可以先從你身邊的工作開始做起。如果目標很明確的話，就把一年的四季都設定同一個目標。在我剛接觸到「啟動成功奇象」時，當時還沒有成立公司，所以我那時是先訂定了四個不同的九十天計畫。以下我舉我實際執行過的例子來說明，你可以舉一反三，為你想完成的目標量身打造。

如果你一開始還不清楚自己要設定哪一個方向，可以先從你身邊的工作開始做起。如果目標很明確的話，就把一年的四季都設定同一個目標。每三個月過後，再回頭看看你的進展。

★ 九十天行動藍圖──銷售你自己的產品、服務和資訊

例如，從十月到十二月這三個月，每天記錄一下：為了要售出你的產品、服務和資訊，你要蒐集名單、前端行銷、向上銷售、後端行銷，有哪些時程和項目必須發生。把事件記錄下來，三個月後你會發現你完成的事情越來越多、轉換也越來越精準、收入也會因此增加。四個主要活動為：

1. **蒐集名單（Lead Generation）**
   客戶留資料來交換你所提供的免費資訊或產品=1分。
   屬性：只看不買

2. **前端行銷（Front End）**
   第一次的銷售。
   屬性：消費金額低的買者

3. **向上銷售（Upsell）**
   下一次的銷售。
   屬性：瘋狂粉絲們

4. **後端行銷（Back End）**
   主要的後端銷售。
   屬性：瘋狂的終身客戶們

理想上，我們會希望每隔一週、每隔一個月的行動項目其成交的數字都能比上週、或是上個月多。

到了十一月份開始做「前端銷售」，每週持續成長。

到了十二月份的前三週做「向上銷售」，最後一週做「後端行銷」。

觀察你從十月、十一月、十二月，是否每個月都逐步成長、增加額外的收入。

🦊 有助於啟動成功奇象的資源

⭐ 1. 可仿效的對象

三年後你想成為的樣子、想過的生活、理想的收入，如果已經有人做到的話可以請教。雖然有些人是自私的，但大部分的成功人士很樂意分享，因為平常除了接受媒體採訪外，不見得會有人問他們這樣的問題。而你找到的成功仿效對象最好是跟你同一類型的，這樣才不會有觀念上彼此衝突的地方。只要確認你的類型，就可以仿效同類型成功人士的財富策略。

⭐ 2. 正確的交際圈

有人開玩笑說，常常跟幾個快要破產的人混在一起的話，你不久後也會破產。你可以說你不會受影響，但請不要自找麻煩。在接下來的一年中盡可能地找正確的交際圈，有想要朝這個方向前進的朋友應該多聚會。「沒有這麼簡單」、「景氣不好，你憑什麼會做得起來」，如果你繼續跟這樣的人混在一起，你只會被拉扯而已。

★ 3. 適當的環境

人很難在錯誤的環境中做對的事情。當兵的人都知道在軍中很難溫文儒雅，這是因為環境的問題。處在能把事情完成的環境，例如早上如果安排要把文章寫出來，就要自律地把環境塑造成可以寫作的氛圍。Facebook、Email、Line群組傳來訊息時就不會被打擾。也可以跟家人或同事交代一下，這一個小時內不要讓任何人打擾。

另外可以培養的是心態觀念，大部分的成功人士對於批評是免疫的，他們會聽批評，但不會讓這些批評來決定要做或不做什麼事情。其背後的哲學是，不管你做什麼，都會有人不滿意——因為順了姑心，就逆了嫂意。

前面談到「膽識」的部分，你的心臟要夠強，因為大家一般會希望你跟他們一樣，告訴你說「不可能」，而且是用一種「極端」的方式來迫使你與大家一樣。如果要跟大家不一樣，就要培養對批評的免疫能力。

★ 4. 廣泛且大量的資訊

你會需要吸收很多不同領域的資訊。如果你習慣只看跟你有關的資訊的話，比較難從裡面鍛練你的想像力。有的文案高手，像我先生也會喜歡看小說，因為可以學習其形塑角色的架構，然後應用在產品文案上。

關於第2和第3項「正確的交際圈」和「適當的環境」，許多所有成功人士在剛起步時都沒有錢，那他們是怎樣起步，為什麼能獲得現在的成功呢？他們是透過一些無形的資產來創造價值。而「人脈」就是其中之一。談到人脈，要提醒大家的一件事是：「你認識的人」並不等於「你的人脈」（這是很多人搞錯的一個重要觀念）。真正的「人脈」，是「你認識，而且願意並能夠在你需要的時候幫你一把」的那種人。沒有人是可以在沒有人脈的協助之下，實現夠大的理想/目標，即使是個性偏內傾的人也一樣。所以，除非你可以接受自己要花六到十二倍的時間力氣才達到原本六個月到十二個月就可以達到的理想或目標，否則你就會需要建立你的人脈圈。

而要參與這樣的人脈聚會，第一步就是要訂出你要吸引的族群是誰。這裡舉一個我近期參與、也有結合「時空膠囊」概念的模式參考：

◎ 已經創業而現在想要擴大、或者已經有創業的想法與計畫，希望找到「有共同熱情、不同天賦」的合作夥伴。

◎ 還沒有創業的想法/計畫，但正在尋找有能激起他心中火花的好點子的人，來貢獻自己的天賦強項與知識技能，以協助別人成功。

再來，我們會需要知道活動有清楚的主軸，比如雲端事業學院的

主軸是個人事業或財富的策略與計畫，所以在活動之前我們會先填寫「我的財富大戰略」問卷。而另一個商學院的主軸則是透過「時空膠囊」讓「未來的你」更接近目標。下面是我用過的兩種問卷，供大家參考：

★「我的財富大戰略」

請依序詳細回答以下問題，你的答案越清晰、明確、詳細，就越容易在活動中獲得老師和其他朋友的協助。

- **問題一**：一年後，你在事業/財務上的理想狀態是什麼？（請閉上眼睛，想像時間快轉一年，而你的理想狀態已經實現了，然後張開眼睛寫下你看到的畫面。）

- **問題二**：你為什麼會想要實現這個夢想/目標？

- **問題三**：你的計畫是什麼？請詳細描述你打算如何在一年後達成這個理想狀態？（e.g.在什麼時候學什麼東西、做哪些事……等）

- **問題四**：你目前的進展如何？請詳細說明你到目前為止，針對你的理想狀態做了哪些事、得到怎樣的結果？

- **問題五**：所需資源？請詳細描述你認為如果能創造或找到哪些資源（人、事、物），就可以更順利地實現你的夢想/目標？

★ 時空膠囊：寫一封信，寄給明年此刻的你吧！

1. 無論是純文字、文字配圖、用表格輔助呈現等任何形式，歡迎自由發揮。

2. 鼓勵你手寫或手繪，再拍照或掃瞄上傳。因手寫的力量可以幫助我們更明確地想像、銘刻自己的夢想藍圖，宇宙可以給你更精準完整的回饋！

歡迎參考以下框架與題目，幫助發想（當然也歡迎自由發揮！）：

你已啟動✕✕✕✕✕✕✕，準備開始✕✕✕✕✕✕✕。你為什麼會想採取這個行動項目呢？你在的理想是什麼？最希望達成的目標是什麼？

把你在追尋的目標，具體、明確地寫下來！

1. _____

2. _____

達成以上目標，你期許自己在✕✕月至✕✕月期間，做出什麼樣的努力？

師傅領進門，修行在個人，學院提供的學習資源、老師傳授的知識、經驗和心法你會如何把握？

★ 最後，對【未來的你】留下一句話吧：

或許是期許、承諾、提問、訴說、祝福、叮嚀、問候……可以是關於這六至十二個的行動承諾，任何你想說的事！

建議可搭配三十一天的【能量磁化行動日誌】，每個月記錄每天的行動，看完成六本、甚至十二本，寫下來的內容能完整到什麼程度。

★ 奇象、氣勢的魔力：

> 「當你非常成功時，會有一種氣勢產生，而到了某個時刻時，你會分辨不出到底是你創造了這個氣勢，還是它創造了你。」
>
> ——蘇格蘭女歌手 安妮・藍妮克絲

我們在自己、團隊、合作夥伴、顧客以及市場之間創造的氣勢會自己活絡起來，並推動我們向前。這時財富不僅更快產生，也變得容易許多。

被遺忘的11個
宇宙法則

「讓法則伴隨工作」
11個宇宙法則

　　常聽到很多人說運用吸引力法則後，有些願望會實現、但有些卻沒有實現。有人能吸引到車位、一杯咖啡、從五十萬元創業到月營業額逐年增加到能準備興櫃、有人能成功買到理想中的房子等，但為什麼有些人就是吸引不到？「學生準備好了，老師就會出現」──就在我們心裡有疑問時，啟動了吸引力法則，於是我先生找到了1939年出版的《讓法則伴隨工作》，發現吸引力法則缺漏了一些東西。有的人之所以可以做到其他人做不到的事，原來是因為遺忘了其他法則。

　　例如，關於金錢，很多人認為只要我是一個好人，就應該獲得想要的東西。但是反過來想想，雖然許多宗教也認為賭博不好，但像新加坡、澳門等地卻因為開了賭場而賺非常多的錢。這表示什麼？表示在賺錢這件事上沒有區分你是哪一種人，不然的話，不會有那麼多人被詐騙集團所騙。錢的法則就是這樣運作，你可以繼續抱怨，為什麼你不如人家有錢。但賺錢的人一定有做到某一些事情，所以他才能擁有這樣的成果。所以光是抱怨、吵鬧一點用也沒有。開賭場、各種推陳出新詐騙的人可能了解7大驅力，有些成功的企業家可能不知不覺中符合了宇宙法則。之所以把7大驅力放在第一部分先談，是因為如果你

想要在六至十二個月內啟動成功奇象的話，不一定非得要照著這十一個宇宙法則走不可，只要了解商場上金錢的規則，你也可能變富有。有些人脾氣暴躁、也不做善事，卻很有錢，或許他就會在其他地方付出一些代價。所以如果只是要創造財富的話，不見得要按照形而上的法則走，但是若不想要付出負面的代價，而是想要創造更大的富足的話，去了解並順著這些法則走，對你會有幫助。在你試圖要啟動那7大驅力前，先看看自己符不符合這些法則。

在現今世界中最重要的一個問題就是，人是否有能力、知識技能和力量來掌控自己的人生？是否能成為自己想要的樣子？還是只不過是汪洋中的一滴水而已？有些人飽受失業，貧困和缺乏之苦，許多婚姻觸礁的家庭可能破鏡重圓嗎？多少人在抱怨數不清的疾病和障礙。這些會讓我們產生一種信念，認為我們是環境的受害者且無法掌控，這種信念讓我們變成宿命論者，而不是命運的主宰者。

宿命論的信念是容易散播出去的，當有人受其影響、相信周圍的情況比內在的力量更強時，在比賽開始之前他就已經被打敗了。

過去的人類歷史中有一堆克服困境、面對人生問題的故事人類學也證實人該為他所成為的樣子負責。他有力量掌控自己的處境，而且藉由這股力量，創造出要往上爬時需要的際遇。但是有些人不相信我們能創造出自己的際遇，卻很容易就認為失敗是受遺傳、因果報應、環境，或其他許多外在的因素所導致的。他們堅信我們現在的樣子是

無法改變的，他們也相信事情無法轉寰。

然而另一方面，科學家尋找到人類生命的奧秘，向我們揭曉了一個充滿力量、機會及承諾的美好世界。

科學家告訴我們，心智是影響人類生命的創意導因，人的際遇是其行動的結果，而所有的行動是他的思想直接產生的結果。直到我們先在腦海中形成一些畫面或計畫，我們才會採取任何形式的行動。這些計畫或想法是強而有力的，至於是結果好是壞、或無關緊要就看其本質。科學家也告訴我們，這些思想釋放了龐大的能量。因此，當我們學習建設性地運用我們的頭腦時，我們正確使用這些隱藏的力量、驅力和能力。科學家告訴我們，這就是成功活出人生的關鍵。

人類有一個奇妙的內心世界，而揭示這一個世界讓人可以在合理的範圍內做到、得到且達到他所渴望的事物，我相信，英國著名的文學天才莎士比亞能成為世界領先的劇作家就是這個原因。偉大的希臘劇作家們總是能看到導致主角衰敗的一些外部成因，但是莎士比亞反而認為人內在的某個部分才是他失敗或者成功的原因：

「親愛的勃魯托斯，錯不在我們的命運，而在我們自己。」

從上面那句話中，我們看到哈姆雷特和他那不情願、優柔寡斷的靈魂拉鋸、馬可白被他的野心所驅使、奧賽羅被他的嫉妒給折磨和困擾，主角們總是與內心的自我交戰，誠如劇作家莎翁說：「你是你境遇的主人，喚起你的力量、主動積極和創造力來成為主人。命運在你手中，你可以決定命運。」如果每個人都有決定自己命運的力量和特權，那麼那股力量是什麼？我們要如何才能認出它呢？

如果所有的情況都是我們行動的結果，所有的行動都是我們內在想法的成果，那麼我們的想法必然左右了我們日常生活的情況。想法是心智中的一個意象或畫面。回顧每一項成就與發明，一定都有一個點子、一個心裡圖像。從一開始，這就是一個創意的計畫。在《聖經》中，我們讀到神是偉大的建築師，在作品成形、創造出各種生物之前，就已經先看到了。就像《哈利波特》的作者J.K羅琳一樣，寫第一本時，就已經有七集的畫面內容了。

每個建築師和發明家都遵循相同的計畫，不論是正在建設一棟房子、一座橋樑、一個機構，或自己的人生。每個人都是自己人生的設計者和創造者，就像造物主一樣，在作品於外在顯現出來前祂已經先從內部開始創造了。所有對疾病、貧困和衰老的恐懼，早在成為痛苦的實相前就存有想法以及心裡圖像。每一個想法和心理圖像，一定會產生與其相同的結果，不管這圖像是好還是壞，因為法則決定了結果。法則不會質疑或挑戰我們所投射的圖像。祂只知道必須將我們所提供或植入的想法，以有形的形式呈現。有些人可以想像偉大的工

程，但他們不知道藉由同樣的方法，也可以克服疾病和絕望，並享受他們渴望的健康和幸福。機械工程和靈性工程一樣，它們都取決於創造性的智慧；心理攝影就像實際攝影一樣，會產出它內在所看到的。一張其貌不揚照片絕不會是選美冠軍，一個又小又矮的人在照片上看起來也不會是高大的。負面、毀滅性的想法也不會產生有建設性和正面的成果，反而會產生負面的結果。

我有一年突然一早醒來發現胸口有很大的硬塊，那時連看兩個醫生一開始還說怎麼拖到那時才看。結果急性乳腺炎，但那時我早已不用餵母奶了，結果是因為情緒導致，從吃消炎藥、打點滴、用針抽吸都沒有用，醫生通融我去了香港、俄羅斯旅遊回來才開刀，雖然手術時間比醫生預估的久很多，但還好沒像一開始說的可能會要一直清創那麼可怕。住院八天後，只有前幾天傷口會痛，後面幾天像是在閉關修養。原來那時雖然我負責的幾個專案業績都不錯，但是在心裡一直有不平衡的情緒，所以透過生病、住院，讓我可以先放下公司的事。後來我利用時間去上瑜伽課，雖然開刀的疤痕依舊在，但心情比較平靜，乳腺炎也就沒再復發了。

正如我們吸收這些想法或心理圖片，我們知道或不知不覺中運使了力量而使其產生結果。這個創作過程持續日夜運作，直到想法完成為止。我們無法想著貧窮、失敗、疾病和懷疑的畫面，卻預期得到享受財富、成功、健康和勇氣。這是行不通的，與攝影師無法將其貌不

揚的人拍的很美一樣。

這一個創造的原則，可以用《箴言書》「因為他心怎樣思量、他為人就是怎樣」作總結，你可能已經讀過、或是聽過。每一個時代的哲學家都是這樣教導及闡述。你可能試圖要從你的記憶中擺脫一切消極的想法來證實這句話，但因為它需要決心和堅持不懈的努力，所以你厭倦了。然後，你又傾向回到舊的想法，甚至還變得比之前更糟。

有些人聽到這個並不會留下深刻的印象，因為他們不能接受人生中所有的不和諧是他們自己的信念所導致的結果，或者是他們過去的想法形成信念這樣的說法。他們寧願怪東怪西、怪別人、甚至是怪上帝。有一些人堅信上帝終究會在適當的時機，讓所有的事情都令人滿意，但是事實並非如此。

這些人計畫在將來某個時候進入天堂，但實際上天堂是一個現在以及今後就可以有的情況和心理狀態。事實上，除非此時此地就能覺得像在天堂一樣，不然未來也絕對進不去。

一個人生命中的某段時間，會被迫去理解這些創造性的法則，別無選擇。

每一個人都受法則掌管，不管自己是否知道。某些人當沒有得到所尋求的答案時，會認為這是上帝的錯、旨意，他們把神當代罪羔羊，當他們無法解釋一些事情時，他們甚至會找藉口。「願神的旨意成全」這句話在我們這個年代最被濫用且誤解，有些人把這個想法當

拐杖般倚靠，然而事實上它卻是人們可能穿越過最深的裂痕和未解之謎的一座堅固橋樑。如果禱告沒有得到應允，那是人的錯，當正確和明智地使用創造的法則時，法則向來都是準備好要去實現人的渴望，而且從來不會不回應。在人們能夠接觸到和認識法則的同時，他將馬上享受到好處。也就是對「讓法則伴隨工作」之體悟將決定其顯化的程度。

例如電工得先學會傳導及傳輸的法則，以便了解如何掌握電能源的法則。獲得這方面的知識後，他可以繼續往前，並找出能供電和引導電力的方法，然後他可以只撥個開關就操作巨大的機器、產生熱能，讓其他無數的設備能啟動，或讓房間充滿光亮。只要他不干擾力學或違反掌管能源的法則，他就能成功做到好幾次，而不只是一兩次而已。同樣的原則在其他所有的科學也成立，包括心靈科學。

有一種科學的方法能思考每一件事——一個能避免浪費不必要的心神能量，以及能在各種情況下產出渴望的結果之正確方式。如上所述，所有的事物和事件以及所有的人生經驗都是結果，然而，所有的結果會按照個人擁有知識的程度，以及心靈活動而在質和量上有所不同。

由個人思考所產生的結果可能是好的或壞的，這是透過有、無意識的選擇來決定，有一些是和諧、美好的結果，而另一些是不和諧、不好的結果，或者可能兩者都有。要想在我們想要積極表現的特定領

域上獲得最好和最大的結果，絕對有必要給予心靈的創意力量一個明智的方向。事實上，這是非常重要的，從實用性和基本責任的角度來看，我們應該努力理解心智和它的運作，並學習如何培養和發展思考的過程，這將使我們能掌握生活所發生之狀況。

思考是一個永久的過程，是生活中一種不斷進行的創造性功能，我們正在從事思考，而且每一個小時、每一天我們都在產出某種想法，這在我們心裡會產生確切的影響。雖然我們不能停止思考，但我們擁有至高無上的特權能夠透過管控想法的形態和品質來決定想要體驗的是哪一種結果。

在接下來的十一章中，我們會完整地的解釋如何透過一個簡單而有效的方式來做到。我們主要的目的是喚醒個人為自己思考、培養自己的力量，從而採取一條自我發展的篤定路徑。

當我們改變想法使其變得更好時，我們會自動地讓我們的生活變得更好。現代心理學已經宣稱，想法的改變必先於每天生活和人事物改變。

在我們的研究過程中已經發現，一個人的心智愈不發達的話，他愈世俗唯物，而且個人觀點的層次較低；而心智愈開發，其個人觀點的層次愈高。不過這並不意味一個人世故並獲得大量的經驗，就擁有發達或高度進化的心智，相反地，這個人的心智可能並不發達，並在很大程度上被其較低的本能所掌控。狹隘的思想、侷限的看法、有偏

見的信念和唯物主義的觀點，是其缺乏真正成長的跡象。

　　廣泛、包容、擴張的看法、有益健康的信念是成長的跡象。然而，窄小的心態不需要一直保持，它可以成長、擴大，最終成為偉大。其實路徑非常簡單清楚。讓這樣的人先形成自己的明確概念和強烈信念，然後進行思考，並採取相對應的行動，成長將依自然的順序發生。當你改善和擴大你的想法和心理圖片時，你也改善和擴大了你的心智；當你渴望實現更大的真理時，你必然要在理解中成長。而你心智的力量愈大，你就愈能處理生活中對你有好處的事務。

　　我們下一步可能會問，如果有這樣的心靈法則，那麼法則的意圖是什麼？也許有人認為，宇宙沒有意圖，因為祂不是人。但我們知道，宇宙心靈的意圖是為了宇宙的美好事物，因此，我們的意圖必須往同一個方向，知道凡是對宇宙的美好事物有所幫助的，對於個人的美好事物也會有幫助，因為個人的健康和幸福也是基於同樣的原則──「照顧到整體的，也會使其所有的部分受益。」

　　當我們的意念與宇宙的意念協同時，我們就成為美好事物展現的管道，這就是「讓法則伴隨工作」。當人的意圖就是上帝的意圖時，一股力量將被喚醒，為沒有方向的心靈指引道路。當我們讓法則伴隨工作，事情可能會變得像只要按開關就有電一樣簡單，而且當我們這麼做的時候，我們會充滿啟發和理解。

　　我們聽過許多關於合作、團隊努力、力量整合的想法，在運動和

遊戲中，我們知道團隊的好處，我們知道一枝獨秀是不可靠的。人生的遊戲也是一樣，沒有人可以獨自玩遊戲，他必須符合法則，而且最好是與祂合作，而不是盲目地被法則牽著走。因此，當人能夠引導他所有的思想、觀念、對美好事物的渴望，美好的事物將不斷的產生。

萬事萬物會為那些喜愛美好事物（活出法則）的人效力，因為喜愛良善的事物就能與良善之流結合。

生命中所有的失敗是由於我們選擇站在「有限」這邊，而生命中所有的成功是因為選擇跟我們的法則站在同一邊。因此，「讓法則伴隨工作」被認為跟在我們的思想和生活中，把法則當作是一個沉默的夥伴是一樣的，我們意識到所有力量的源頭，而且明白和接收到我們周圍的許多好處。

你正在尋找和抓住任何一個想法，希望這會是解決生活問題的快速方法，然而為自己的失敗譴責其他人事物，絕對無法找到一個令人滿意的生活，你會發現唯一存在的就只有「變」。所有的美好生活不會只是少數幸運兒所能擁有的東西，而是一個你必須自己創造的東西，這是一個你必須計畫、在腦海中想像並思考的東西。正在尋求真愛、幸運、幸福和成功的你必須了解到，這不是一個你會找到的某件東西，你也無法從任何人身上買到或是借到，沒有人可以給你，你必須在自己的內在中創造。你的渴望和想法就像你種在心靈土壤中的種子，在你播下思想的種子後，你要澆灌、保護它們至收成的時間，然

後你會豐盛地獲得你所播種的。當然，那些擁有最乾淨、最肥沃的花園將享受到最好的回報。

從這章我們可以了解，我們有「能力」，因為我們可以思考，並創造出渴望；我們擁有「驅力」，包括我們種在心靈土壤中思想的種子；我們擁有「力量」，因為宇宙的心靈力量在我們每個人的內心。當我們正確應用人生的心靈法則時，我們曾經渴望去做以及成為的一切終會實現，當發生狀況時，我們不是屈服，而是要戰勝、克服和掌握，運用創造性的思想法則，從而增長智慧和力量。

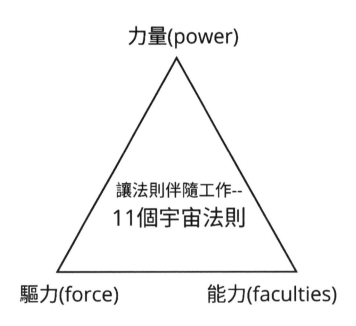

以下各章我們將分別介紹這十一個法則：成功法則、思想法則、供給法則、吸引力法則、接收法則、增長法則、補償法則、無阻抗法則、寬恕法則、犧牲法則以及順服法則。如果一個月練習一個法則，十一個月就能養成十一個「原子習慣」，也是很大的成就。不要高估一、兩個禮拜能做到的事，低估一年能做到的事。

讓法則伴隨工作之練習

　　對「讓法則伴隨工作」之體悟才能決定事情顯化的程度，想想你生命中你曾經認為事情的成就與否是受一些外在條件限制的一、兩個例子，還有你曾經認為事情的成就與否是不受限的一、兩個例子，仔細比較一下兩者的差異有多大？

　　例如，我認為要在十二個月內同時工作又要完成兩個作品、一門線上課，翻譯完一本書是不太容易的VS.我認為要在不到半年內成立一個萬人社團是可以的。

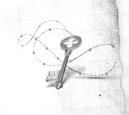

成功法則
Law of Success

> 「對一艘不知道要去哪裡的船而言，吹什麼風都是順風。」

關於成功人生的各種法則跟科學中的各個定律是一樣的，供給與可能性都已在你我手中，我們的問題在於能否改變運用法則的方式，使其能產生比現狀更好的結果。為什麼一開始要先提成功法則，因為這是過去接觸吸引力法則時缺漏的重要部分。

你是怎樣的人？你的成功是什麼？你要成為什麼樣的人？怎樣才能成為值得擁有那些東西的人？請用直覺以兩句話來作答。

沒有實現哪一個願望會讓你非常遺憾？在空白的紙上寫下五項你目前感到不滿意的事、過去的失敗、恐懼。然後把這張紙撕成碎片，丟到垃圾桶去——這是一個跟過去的你說再見的儀式。

上帝希望每一個人都能成功。人不應該只是使用，而是能享受宇

宙中所有美好的事物，宇宙法則不會拒絕人想要的事物。

人生來就註定富有，潛藏在人內在的力量無窮無盡，不管是任何人，身上都配備著一套完整的機能，只要適當地培養，並以科學化的方式善加使用，就必定能得到成功——能不斷成長擴張的成功。

人本來就會進化，每個人內在都有無限發展的能力。所有事物的演化本來就是法則的偉大目標，透過學習與法則一起運作以達成這一個目標，人們可以為自己帶來更大的成功。

大自然中所有的過程都是成功的，沒有失敗這回事，除了成功外，從不計畫其他任何東西。祂的目標是以各種形式和方式呈現結果，為了獲得最佳的成功，而就長遠來說，我們必須把大自然當作典範，學習祂的方式，在祂的原則和法則下，我們將發現所有成功的祕密。

無限的資源隨手可得，而且人的可能性沒有限制。人類可以強化整個世界的元素、力量和原則，他可以發展出完美的智慧、可以回答所有生命的問題、可以發現所有大自然的秘密。人類所有的問題都能迎刃而解，沒有什麼是不可能的。

超群的能力、卓越的天賦、精辟的洞察力，以及更大的力量潛在所有的事物中，透過特殊的心理方法，這些可以發展到一種可以實際使用的非凡程度。任何人都能有非凡的成就，問題在於是否知道如何才能做到。真正的自我成長、自我發現、自我認知，在於運用一個人

的能力和使用一個人的力量，這樣將能推動任何人，實踐將能確保效率，而使用會帶來結果。因此，成功是每一個有抱負的人都能伸手可及的目標。

你想成功嗎？你可以的。

你的內在擁有一切所需的必要元素，你所需要的就是正確地了解成功基礎的原則和法則，然後運用這些方法，直到贏得成功。

成功的法則如同任何一門科學的法則一樣明確，確切地使用法則後，每次都會產生結果。重要的是結果，而透過持續運用這法則，所產生的結果可能會加倍，而且能享受到的成功沒有盡頭，偉大的成功不會比實現小的願望還難，偉大的成功將緊緊跟隨著那些帶著信念和理解如何使用法則的人。無論你目前的狀態如何，有一個更好、更大的未來在等著你，但你自己必須先準備好。如果你什麼都不去做，就永遠無法獲得更好、更偉大的成就，所以，研究、計畫與努力都是必須的。不論你現在是哪一個年紀，都有權力繼續前進，為了忠於自己、以及掌管你的法則，你必須向前進，因為向前進就是成功。宇宙法則的意圖是要你向前發展。你可以停滯不前、也可以走回頭路，且好一段時間延緩進展，甚至也許是一輩子。但最終你會被迫向前進，特別是往靈魂成長的方向。

大自然不容許祂的目的被干擾。這就是當你停止向前時，逆境會帶來刺痛的原因。有一個新的元素，也就是「進步的精神」存在，而

我們必須跟上時代的腳步。

你可以實現你的野心、立大志，而且打造屬於你的成功，你所能想像的成功，你自己就可以達到。法則從來沒有失誤過，她有力量去實現她的理想；在你心中描繪的圖像，她有力量去幫你實現。她一直試圖讓你有力量和協助你成功，因為那是她對你的計畫。所有偉大和成功的人所擁有的天賦你也同樣擁有。他們對法則有一定程度的理解，然後用最適合的成長方式發揮自己的才能，所以贏得了成功。有些人會問：「但真正的成功是什麼？」幾乎每一個人都持不同的看法。為了避免混亂，讓我們來定義這一個詞的含義。大多數人認為成功代表繁榮興盛；還有一些人認為成功是實現個人的希望；還有一些人認為成功是完成偉大的事蹟。然而，真正的成功遠超越這些。雖然它可能包括所有的這一切，但是這裡我們不用金錢、地位、名氣或財富來定義。真正的成功，在於你所獲致的成果、你所收割的莊稼，是否能使他人得著益處、是否有使這個世界更豐盛。我們這一章，將以一種更個人化的方式來解釋成功這一詞——它代表個人的成長和提升，以及任何努力後的結果。

人就是如此，可以利用人生中的元素，為自己不斷累積力量、成就和成功。他也巧妙地跟自己以外那些可實現這個目的的一切保持聯繫。然而，實現與否將取決於其是否實際運用頭腦，以及是選擇無知還是憑藉知識在生活中掌管這些力量。

　　成功，就是將一個人的自我認知與行為，提升到比一般人更高的水準。生活中幾乎所有的失敗和挫折都是由於心態上的盲目。當心是正確的，所認為的也會是對的，我們所有的行為都透過我們的內在動機來決定，而不是由外部的成就來論斷。道德上懦弱、在關鍵時刻優柔寡斷、自私地渴望用自己的方式、無法配合，粉碎了多少人的希望，他們已經破壞了成功的前景。把這些心理障礙消除，是所有立高遠志向的人的第一個動作。

　　成功取決於走在一條真實的軌道上，且在思想和行動上堅持公正和正確的事。堅持原則是最重要的。成功並不是出於偶然，也非機率遊戲；如果在進行商業活動時沒有把「黃金律」（你要人怎樣待你，就要怎樣待人）奉為圭臬，就無法與宇宙律協調一致。信仰和商業不是各自獨立的兩門科學，它們是一體的。商業活動是一個人最高目標、人的信仰之展現。

　　事實上，一個誠實、坦率、勤勞的人不一定會成功，還有更多的因素可能比這些更必要，因為如果一個人是膽小的、進度落後的、或恐懼的，會像煞車一樣延緩他的進步。如果一個有效率的工程師，卻有自卑感，那會使他平庸，且無法根據自己的技能來擴張自己。恐懼是失敗的主要原因，它無法透過藥物或外科醫生的手術來消除，理解是唯一的解藥，當一個人明白宇宙間充滿了無形力量的存在，就沒有什麼事情好害怕。

　　只要沒有某種恐懼佔據我們的內心，大多數的人可以盡到其本來的義務。我們催眠自己相信恐懼，癱瘓了我們的力量，遮蔽了我們的視野，使我們的能力麻痺，如果我們要避免災難發生，這股精神力量必須是自由和積極的。當人的心中被恐懼所惑，他就沒有辦法去迎接一個新的機會。

　　一個人戴眼鏡是為了看的更清楚，基於同樣的原因，人要在一個能擴大他視野的宗教裡才能得到更多。一個真正的宗教，是為了擴大人類的視野而存在。但有一些缺乏信仰的人被他狹隘和限制性的觀點所束縛。如果我們認為事物的供給取決於人或外在的物質條件，而且當別人辜負我們時就擔心害怕的話，事情就會每況愈下，唯一的保障就是去感受和了解法則就是我們的供給，並不斷地肯定這件事。如果想要成功，就必須時時想著成功、談論成功，並做出成功者的行為。而如果我們知道神——也就是宇宙法則是站在我們這一邊的，那要做到這些就會比較容易一些。

　　當馬即將跨越障礙時，如果把牠拉住，這就是導致失敗的原因。專業的選手會讓馬頭過去，以確保一次安全的跳躍。當我們應該讓所有的力量充分宣洩、以做一個成功的躍進時，我們卻壓抑這股力量，於是明明可以勝利的，卻讓自己失敗了。

　　有一天兩個男孩跳進水裡，挑戰彼此看誰先游到對岸，距離大約兩英里。他們游在強大和穩定的水流中，帶頭游的人頭也不回，繼

續往對岸游。當他走上河岸、完成他的泳渡後，回頭卻發現他的朋友不知道在哪裡。他仔細地找，發現他竟站在對岸上。當見到朋友時他說：「你怎麼沒有跟我一樣游過河過？」男孩回說：「哦，當我游到一半時，我回頭看游了多遠，我怕我游不到對面，所以我就回頭了。」游過岸的男孩說：「但你為什麼不要像我一樣向前看就好呢？因為我每一次撥水時，我看到的是岸邊離我越來越近。為什麼你不會認為往回游跟繼續往前游是一樣的困難呢？」

成功是階段性成長，除了接受訓練外，沒有人能成功，奧運選手要訓練自己好幾個月才可以參加一場可能只有短短幾分鐘的比賽。真正的秘密在「向前進」，而在成功的這門藝術中，促使人持續進展的特有心態是主導因素。沒有充滿成長渴望的人無法成功。事實上，第一個步驟，就是讓自己完全沉浸在「成長精神」之中，刺激自己不斷想著更好、更偉大的事物。前進的渴望意味著前進的動力。這法則如同其他科學一樣準確。你渴望成功的這個事實，就是你擁有成功的力量之確據，否則，你不會一直嚮往成功，除非你擁有成功的力量，否則你不會渴望成功。渴望能創造出力量，力量激發個人的心智，而成功正是正確地使用心智的結果。

調查成功人士的生活，我們發現一個非常驚人的事實：他們成功的一個共同特質，就是具備充滿建設性的心態，心理學家把這種有建設性的心態稱為「成功的心態」。

簡單來說，在每一種情況下，決定成功或失敗的大多源自主導心態，現代心理學的這個發現，讓人能從逆境和失敗中走出來。總之，擁有積極心態、認為他「可以」的人與另一個認為他「不能」、持消極心態的人相對照，實際上就是 成功者和失敗者的唯一區別。前者學習到真理，而且發現他可以做到某些事，而這個觀念解放他沉睡中的能量，將其融入所有的活動中，帶著成長的渴望會刺激他、啟發他把事情做好，這樣就能邁向成功。

然而有些人認為他們能過的生活差不多就是這樣了，他們相信老天已經把他們定型了，而且給他們的能力或力量只有一些，他們此生只期待能用這些來過活。關於人類心靈奧秘的科學研究，揭示了一個充滿力量和可能性的世界。心理學的真相是，對一個人的心靈來說是可能的，對另一個人來說也是可能的，而且遠超過我們所能想像的。偉大成功人士的能力和經過開發的力量同樣可能存在於所有人的心智中，真正唯一的區別是在於其發展的程度。

現在就用更卓越的觀點來看待自己、你的生活和情況、一般的人事物，就是2.0版的自己和一切會是怎樣。當你打從心裡能觀察到更好、更偉大的事物時，你會有意識或無意識地達到更好的和更偉大的境界。換句話說，你的想法、渴望、言語和心靈的行動將逐漸充滿「進取的精神」，而且你的能力將變得更加強大，你的力量將會增加。

掌握「我可以」的精神，那麼你將擁有通往成功心態的鑰匙。知道你會成功，並帶著那強大的信念持續思考、生活，並採取行動。不管你到哪裡去找關於「成功」的神奇秘密，最後都會發現找到的答案可以用簡單的三個字涵蓋：「我可以」。

現代心理學發現，一個認為自己可以的人將會迅速發展出可以做到的力量，這是一種心靈法則的示範：堅持認為你可以做到你想做的事，不久後你將發現自己正在做那件事。這不是奇蹟，法則就是那樣運作，如果「我可以」的態度被採用的話，心智將會把所有的能量引導到那些要實現渴望所需的能力上，而且穩漸地累積，直到它們強大到足以執行以前幾乎認為是不可能完成的任務為止。

障礙是一個召喚我們潛在力量的機會，它使我們更強壯，帶領我們走向目標，當你正面迎向它、當你渴望進展時，對自己說「我可以」。記住，簡單的幾個字包含通往成功的魔法方程式，而且如果沒有實現目標的話，也沒有什麼好值得追求的。

一個人的生活狀態很大程度取決於一個人的心態，一個人之所以沮喪、悲觀、失敗，是因為他們接受「我做不到」的心態，其他人則透過一種開朗、自信、充滿活力的「我可以」的態度而成功。我們到處都會遇到——有人吸引到逆境、厄運、不幸，而其他人卻吸引到最好的事物和不斷地往成功前進。消極的弱者，即那些認為「我辦不到」的人會排斥我們，我們也會本能地躲避他們。那是法則警告我們

要避開，因為他與萬物的神聖秩序不協調一致。另一方面，那些認為「我可以」的人會吸引我們靠近。他是樂觀的，而且我們很高興能與他連結，和他有生意往來，每個人都有自己的個人磁場，如同花朵有它的香氣一般。因此，讓我們尋求培養一個剛強、正面「我可以」的態度，這將引導我們走向成功。

在任何環境下，你有潛力比任何事情或情況更偉大。無論你設定什麼目標，都要有贏的把握，要把目標訂高，而且必須是正面的，那麼你的失誤就不會太多。保持「我可以」的態度，不斷地肯定它。你一定會成功，因為你註定要贏。

「只有致富想法的人是不會成功的。他必須有一個更大的野心。事業要成功沒有任何奧秘。如果每天成功地完成任務，忠實地維持商業上的自然運作，並保持頭腦清晰，所產出來的結果會都是對的。」

——約翰·洛克菲勒

下一個步驟是定好自己的人生方向，清楚描述你的理想或目標，在心中描繪出圖像，不斷想著你想達成的事物，開始後堅持不懈，努力達到最終目標。畢竟生活的每一步都可能為你帶來新的問題，但是當你碰到新的問題時，還是專注在你的目標上。不管你一開始的努力

有多差，它們只是剛開始而已，你不用與他人比較，因為每個人都是從最底層開始，同時要知道除非你放棄，否則你不會失敗。繼續努力嘗試，每份努力都會產生一些成果，畢竟成功不過就是累積許多很好的結果而已。

班傑明‧富蘭克林說：「不要把今天可以做的事留到明天」。在人生旅途中會遇到的最大敵人就在你的內在，它的名字叫「拖延」，拖延會殺死你的企圖心，也會使你養成猶豫不決的習慣，而這會導致你的失敗。確實地練習並及時作出決定，把小事處理好，因為它們會自然處理好其他任何可能出現的大問題。一個無法為自己做明確決定的人，會受他人的評斷所左右，他容易接收周圍的想法，然後成為眾人之一，也只能吸引到眾人所提供的而已。

想一想，你休閒的時間都是在做什麼呢？你在哪裡運用這段休閒時間呢？你有賦予它任何價值嗎？許多的利潤，甚至有時成功與否取決於你如何運用零碎的時間，即「副產品」。副產品是主要產品以外的東西，但它們有自己的價值，各大企業都有能為他們帶來不錯收入的副產品。

我們是時間的經銷商，我們的成功取決於如何使用時間和「零星時間」。零星的時刻有哪些呢？有一些成功始於零星的時刻，一個人在休閒時間所做的事，不僅能帶來明確的獲利，也增強了他的心理活動。讓每一分鐘有用、有利可圖，這樣你省下的每一分鐘，能為你增

加成功活出人生的機會。

　　早餐前的二十五分鐘、早餐後半小時，通勤的二十分鐘、白天等待約會和開會中間的時間，以及當你閱讀、或為你的目標工作時──有建設性地使用你所有的時間。

　　只有漫無目標、覺得人生毫無價值、不想成功的人才會想要消磨時間，當另一個人把時間花在活出美好上時，消磨時間的人正在摧毀他的機會。我總是喜歡聽到有人說，他一天的時間都不夠用，這樣的人，可以從他的人生中得到最多，而且我敢說，他一定會成功。

　　總歸來說，成功就是我們學習運用兩個非常有價值的東西的過程──就是我們的「時間」與「思想」。擁有知識不算成功，真正的重點在於我們如何運用知識。要記得，在我們所有的辛勞和掙扎的背後，有宇宙無形的力量在引導、支持著我們，無論你缺乏什麼，祂可以供給你需要的東西；無論你遇到任何障礙，在你心裡、身邊的那股無形的力量可以協助你克服它。

　　「追求成功」是每一個人的責任跟義務，只要你活著就應該要追求成功，就值得獲得你想要的成功！任何你想要的成功，只要你想要，就絕對具備有實現那個成功願景的能力！所以問題不是在於你能不能，而是你如何做到？也就是學習其他十個宇宙法則。對你現階段而言，所謂的成功代表什麼？依法則去定義，讓法則伴隨你而行，透過提升自己各方面能力的方式，來為世上的其他人增添價值，那就是

成功。

> 「物質成功所成就的，就是讓你能夠專注於其他真正重要的事，也就是能不只對自己的生命，也對其他人的生命造就一些不同。」
>
> —— 歐普拉

「成功法則」：女人也能撐起半邊天

為了實現自我，我在二十八歲那一年拋下原本有的中學教師證，遠離舒適區，前往澳門科技大學一圓大學英語講師夢。

過程雖然辛苦，但卻從中發現了全新的人生志向與目標。

/ 斜 / 槓 / 心 / 法 /

❶. 不待在舒適圈
❷. 聽從自己內在的聲音，背水一戰
❸. 努力做到最好，等待天時、地利、人和。
❹. 了解自己的強項。

現在，我要透過《祕密》系列譯作說故事，分享運用宇宙法則從一個女教師到斜槓的秘訣。

在中山女高實習一年、代理一年，取得教師證，如果再考上正式

的職缺就能有二十五年的鐵飯碗。這樣的經歷，應該是許多申請教育學程、準備要當老師的學弟妹會選擇的路，但十五年前，我放棄了這樣的生活，選擇了一條看似較難走的路。

在台灣，碩士畢業大概只能教高中，在高中待了三年，我發現這份工作不完全適合我，因為我一直嚮往學校外的世界，所以當突然出現了一個可以到澳門教大學的機會（在台灣通常是需要博士比較有可能申請到的），燃起了我非上不可的鬥志（前一次非上不可是甄試師範大學英語教學研究所）。

順利申請上講師職位、工作了近兩年，一年後教學評鑑第一，獲得公費帶學生至美國遊學的機會，第二年應用我在美國學到的教學方式。不久，我又想給自己新的挑戰，再度離開澳門這個舒適圈，回到台灣協助那時Soho族的另一半。

但Soho族的生活跟我在學校時的生活完全不同：課是學校安排好的，我有明確的教材，只要備課、講得生動就好了；Soho族處在很多不確定性的狀態，收入有時很多，但要面對的挑戰也更大。我的心裡曾很矛盾，但我想繼續找尋進步的可能性，剛回來台灣的那一年，很多朋友早已結婚生子，而我卻是要走出人生的下一步，家人三不五時會問為何不去考公職，女生工作穩當就好，何必這麼好強。儘管如此，我還是堅持下來，就在一位已經財務自由的女性朋友的啟發下，一天我一個人去板橋市政府辦了行號登記，當天零阻力公司就這樣誕

生了。

　　我和先生的本質不同，他喜歡閒雲野鶴的生活，但我的企圖心比較強，他那時提供的是一些內在的課程，但我自己也很期許能在外在世界上闖出一番成績。

　　後來我們也曾遇過所謂的「天時、地利、人和」——有代理過「財富原動力」這一套測驗，讓我們知道成功其實是可以透過彼此發揮自己的天賦時達到。我想要把事業弄的再大一些，所以即使過去我只有雙修過國貿部分的學分，還是在朋友協助下擴大成股份有限公司。雖然過程有些辛苦、但關關難過，關關過，沒想到我們一投入，半年內完全改變我們過去的生活作息和事業規模，確實做到了過去六年沒做到的事，那時光一個月開的課也比過去一年多。

　　而2022除了完成一本譯作《給總是太努力的你》，也接下了兩本書的作品《失落的財富能量卡》和《啟動夢想吸引力》套組的十週年改版。我知道雖然一開始在教育訓練界、身心靈圈沒有很長的工作經歷，但這十多年來我運用了自己的優勢，來打我比較有把握的仗。

　　雖然我轉換跑道的時間可能比別人晚，但我認為全力以赴過，人生才會精彩。我現在四十出頭，只要骨子裡有想「啟動成功奇象」的血液流著、只要有勇氣和企圖心，就能實現心裡的那份渴望！

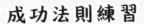

成功法則練習

　　霍利維爾博士說：「宇宙的意圖是你應該要向前進……理解是恐懼唯一的解藥。」回想你過去的人生中，有哪些成功經驗符合本章的法則──因了解而產生勇氣和信心，進一步得到成功的呢？

　　例如：我本來一度處在黑暗期，後來因透過帶領社團成員線上團練日記，慢慢產生勇氣和信心，從一開始的兩人在五個多月達到萬人！

你可以（*You Can！*）

如果你認為自己被打敗了，你就真的被打敗了。
如果你認為你不敢，你就真的不敢。
如果你想獲勝，但你認為你不能，
那麼勝利註定與你無緣。

如果你認為你會失敗，你已經失敗了。
因為在塵世中你會發現，
成功皆始於志，全在你一念之間。

如果你認為你被比下去，你就真的被比下去。
你必須見賢思齊，
你必須對自己信心百倍，
方能取得勝利。

人生的戰場不會總屬於
強者或迅猛之士。
因勝利終歸屬於認為自己能成功之人。

—— 華特·溫特爾 ——

第2個法則
順服法則
Law of Obedience

要成功，接下來就是要符合「順服」法則，如果你順著宇宙的流向、了解並順著這些法則走，這些法則會反過來為你帶來利益。

過著一團亂的人生、盲目地辛苦工作，以及面對各種不確定性，這肯定不是一個人存在的目的。人生的意義應該不只如此而已，也確實遠超於此，人應該是創造者，被賦予所有的資源來打造他所渴望的生活。人是充滿智慧或是愚昧，是根據他順服、理解法則的程度，以及在日常生活中運用的情形來決定。

許多人在知道要透過實踐法則來生活時，馬上認定人就是要辛苦過活，他們害怕若是觸及到一些敏感的事，必須要照著法則的要求，支配人類社會的法律不應以任何方式修改，一個有組織的社會如果要和諧和安全運作的話，必須適當地執行掌管社會行為和活動的法律。越是嚴格執行律法，越能確保符合法律要求的人之安全、繁榮和幸福。一位會計師即使無法立即解決一個問題，也知道可以讓掌管所有數學計算的公式來解決，如果那些公式那麼容易被變動的話，就無法期望能得到數學問題的解答。

　　無可避免的，各宗教對神的概念或理解有嚴重的分歧，無論是基督徒或異教徒，大部分不太認同「最高智慧體」就是「法則」。人們反倒創造出他們認為上帝的形象：一個可以被說服和討價還價的上帝、一個既能賦予生命又能取走生命的神、一位醫治疾病和導致病痛的上帝、一個使其貧困和富有的上帝、一個會獎勵和懲罰的上帝。而接受了這個錯誤的觀念，使得大部分的人對禱告質疑，並缺乏強烈的信心──「因為有依據法則，所以事情一定會如其所願」的信心。

　　於是很多人會對上帝產生一種錯覺──祂是一個對人們的需求和問題不感興趣的神、一個我們無法與其對話的神，然而，他們早晚會發現，親近神會終止所有對於獲得美好事物的懷疑。因為一旦了解法則，我們就擁有永恆的幸福、和平，並掌握我們周圍所有驅力的祕密。

　　所謂「順服」，指的是遵照某些規則而行，或依循某種秩序或指示去作。順服是機械、文字，或靈性等所有活動的管理者，一部巨型機器如果沒有管理者的話，因未能控制自身的動能或重力法則，將可能失控。如果沒有依循關於「學習」的各種規律去做，那即使是知識上的巨人，最後也會變得跟白痴一般；學生如果沒有依循或順服靈性上的指引去做，就會使善反轉為惡。我們此生的成敗，就完全取決於我們的順服與否。

　　我們的社會和國家都由「順服」所支撐。我們的房產和生命也

仰賴它。由於我們對於順服的尊重，所以全體都支持它。但試圖掠奪以得到自身利益的人是種悲哀，一個家庭裡，父母親訓練孩子養成紀律，之後孩子長大成人，做事能幹並獲得成功，於是我們看到快樂的父母。因為，在孩子早期的生活中已經種下順服的種子，蘊育了尊重、順服和無私的想法。

事業也是建立在「順服」上，而當每個成員都遵守商業法則時，他一定會成功。只有在過於投機、有不切實際的計畫、價值過度膨脹或缺乏合作機構時，才會為自己帶來失敗，並導致破產和損失。生命中的任何問題，某種程度上都與我們有多順服「思想法則」以及這法則的創造者──神有關。而我們的挑戰，是在於要去了解該順服什麼、不該順服什麼。

我們在「自然」中看到答案。祂沒有克服不了的困難、解決不了的問題、承受不了的負擔，以及無法執行的工作。為什麼呢？因為祂所有的運作都是由偉大的「和諧和秩序法則」所掌管，不斷地消除每一個不和諧、治癒所有的疾病、修正每一個錯誤、滿足每一份需要。如果一株小芽試圖要在冬季時穿破土壤，大自然會讓小溪流過它或凍結它，然而，凍結那不乖小芽的冰雪同時也是溫暖的毛毯，保護其他遵守大自然法則的幼苗。人們在養殖或種植園藝時，必須知道如何遵守大自然的法則。當順服大自然的法則時，人們將能得到最好的結果，而且最後能成為達人，並享受最大的豐收。

每一位服從法則，而且從事善行的人，將成為更偉大的靈魂，而且將會產生力量來掌控每一種情況，並豐盛地享受祝福。這並不是要我們當一個懦夫、對強者讓步、很容易就被更激進的人給推開，這裡指的是當溫順地遵守良善的法則時，人們會變得強大且意氣風發。

我們之所以會犯錯，通常是因為我們比較傾向順服地上的法則，而非順服靈性的法則。我們比較容易受事情的表相所影響，而不是聽從法則所教導的內在真理，我們必須服從「良善的法則」，而不是人的法則。一個人只能成為他認為他可以是的那個樣子，而他服從的是靈性的鼓舞、還是感官的慾望，其結果將會跟著改變。

如果我們想要開始順服於內在的靈性，而不順服於外在的際遇，那麼宇宙法則要求我們做到的是：要在外在世界裡看到實證之前就先在內在世界看到所欲事物已經存在的景象。我們大多數的經驗是自己的創造活動之產物，這些創造活動，會先和某一個想法結合。「順服法則」是：「你栽種什麼，就會收割什麼。」這句話有數學般的精準與正確。如果你種下的是鬱金香種子，大自然就不會產出馬鈴薯給你；如果你種下的是玉米，大自然也不會錯使其長出橡樹。同樣的，如果你種下擔心憂慮的思想，那麼你所遵循的法則就會給你一些可以擔憂的東西，祂會造就更多事件與狀況來增加你的憂慮；而如果你一直想著疾病或缺乏的話，也肯定會收到你所預期的。無論你順服的是什麼，之後都將會為你效力。那麼最重要的事情就是知道該順服哪些事。

對小孩子而言，他的一個小任務似乎就非常地重要，身為大人的你不能不當一回事，當他成長到不再孩子氣，回頭看時才能帶著自娛的心態，而不是感到遺憾。直到可以超越問題及麻煩時，我們才能希望不要再有其他的麻煩。

這一章的目的是要了解如何為了我們的「最高善」正確地選擇和服事法則，我們若沒有順服法則，就會被那些我們認為、或正在做的所有事情所左右。事情是無形原因的結果，而法則是真正的原因，且是靈性之所在。法則是我們腦海中所想的那些東西，而事情是那些想法的結果，順服於幻想的人將要承擔一切的後果。一個人的重擔就是他宣稱屬於個人財產的東西，他認為那是自己的東西，因此必須保護它們。

雖然奇怪，但人無法真的擁有世間的任何事物，一個人有的一切，都是依照他對他所侍奉的法則能體悟到什麼程度而出借給他使用的。人赤裸裸地來到這世上，也會赤裸裸地離去，最終，他所有的一切都會被取走，即便是他身上的勞苦重擔，最後也都會再度成為幻影。人生的真正功課，在於依照其當中的體悟程度，找到屬於自己的位置，而一個人的體悟程度，也決定了他會如何經營自己的生命。分析你的重擔，它們來自於你認為你擁有的一些事物——需要撫養的家屬、必須照顧的人，因為沒有其他人能保護他們。但是，當你意識到有一股無形的力量存在時，你會改變觀念，然後你心底的釋放將使得

一股更好的良善之流前來，並透過其他更多種方式朝你而來。有許多人還是堅持認為一定要靠別人幫助和接濟，但他們最需要的不是你我的幫助，而是對生命本身一種新的理解。對未來的恐懼已經成為一種信念，而且它影響到所有的年齡層，當你服從恐懼而不是自然的法則時，你將會揹負更多的負擔，只有把重擔卸下來交託給法則時，我們才能得到自由。

如果你順服於宇宙法則，就不會因肩上的重擔而覺得辛苦，你會活在當下、每天把責任範圍內的事情做到最好，還會忘掉過去，並讓未來自然發展。要信任法則，你必須透過經驗和練習才能知道祂的引導。對於那些還沒有學會辨別這引導的人，必須先吸取經驗。這股無形的力量不要求你盲目地信任祂，無形智慧體存在的證據到處都可以找得到，甚至存在你的心智和身體中。

不服從法則就是拒絕去做我們所知道對的事。我們都知道什麼事情是對的，但我們不一定會去做，因為它似乎會干擾或延宕我們得到眼前的事物。每個人都希望得到快速的回報，卻忘記「法則」的運作是漸進的，即便最後它的成效是完美的。我們希望疾病瞬間治癒，但我們卻都不願改掉導致那些疾病的習慣。

當我們說一個人有原則，指的是能由正確的思想和生活所掌管的人、不容易動搖的人，而不是一個機會主義者，也不是會為了個人利益或眾人的掌聲而偏離了自己認為對的事。總之，是那些能免於想

改變原則的誘惑、大家能信任、絕對忠於自己信念的人。沒有人會否認，這樣的人能激發出最大的信心，而且可能成為一座象徵力量和領導的高樓，是其他人仰賴其領導的人。反之，很容易被說服而向壓力低頭的人，即使是出自於善意，也不是我們可以依靠的類型。

人的內心世界、心靈世界更真實。無形的力量就是法則，而由無形的力量所掌管的人，藉由依循法則，從來不會懷疑其將要得到的結果。因為法則建立在順服之上，所以結果就會是幸福、和平與繁榮。

我們所需要做的就是學習順服真理的法則，而不是順服那些讓我們的視野受到干擾的瑣碎事情。這是在我們身上運作的法則。當我們遵守法則時，我們在內在的神聖自我前面謙卑下來，我們拒絕相信事情的外在表相是真實的，而是轉而向內在探尋那個真實的法則。讓我們與法則一起生活，不要等到死後、不要明天或明年，而是在此時、此地、此刻。無形的力量等待我們順服祂的法則，在我們的日常生活中，我們必須學會和法則對話，才能帶著愛和歡樂來過生活。到處充滿了希望、財富以及和平，而我們自己就能決定是否要過這樣的生活。

順服法則──不打沒有把握的仗

大三那一年我申請到了教育學程、國貿雙主修，再加上一個企管輔系，開始了忙碌的修課生活，結果我大三修了六十一學分，大四修

修了四十三學分，（大一、大二的總學分是四十四、四十二，一般大三大四學分會遞減，一科系的大學分約是一百四十多）。大三升大四的暑假，遇到國際志工年，我一口氣申請上國際同濟會的外語志工、政大第一屆的學生大使，後來又申請上行政院新聞局招考外語儲備幹部之一，本來規定是研究所學生，結果我破例成為唯一申請上的大學生、也參加21世紀和平文化交流協會為在台駐外大使家屬舉辦的嘉年華會志工，眼界大開，抵過前兩年的死讀書。

到了大四決定是否考研究所，我決定報考，但不想去補習，後來知道師範大學英語教學組有甄試，雖然只有五個名額，但是只要考兩門專業科目和其他的書審及面試。我打的如意算盤是：因為在校的成績還不錯，書審的資料要準備四份專題報告又不算太難。面試的部分，我經歷那麼多的考官面試，已經有一定的臨場應變口語能力了。跟其他同學要同時準備那麼多科（包含中文）相比，我只要好好準備好語言學和英語教學這兩科，應該容易許多，而且我打算一門挑兩本聖經級的教科書研讀完就直接上場。

即使是這樣的如意算盤，我學姊、同學其實也為我捏一把冷汗，因為一般有打算考研究所的人，大三那一年的暑假應該是在補習，而不是像我一樣到處參加志工活動。而且因為要參加甄試，學校規定一定得要在四年畢業才行，也就是我才修了一年的國貿、企管先修科目都得申請放棄。加上大三修太多課，我把身體搞到內分泌失調，後來

去特教班實習的那一段時間，我覺得對教學比較有感覺，所以只好忍痛把商學院的課都停了。

但是我自忖不會打一場沒有把握的戰。我媽幫我跟爸爸暫時隱瞞要甄試這件事，我自己也沒有跟很多同學說，以免壓力過大。等放榜的那一天，我自己上去慢慢把網頁往下拉，只求最後一個有我的名字！結果……皇天不負苦心人，第五名「王莉莉」，我馬上打給媽媽、親朋好友報好消息。

吃了定心丸後，我大四下學期就沒那麼專心在學業上，接下了畢業公演的編劇、舞台總監，然後把教育學分的課修完，準備回母校實習。

這些經驗、特質奠定了我之後選擇到澳門工作兩年、回台創業的基礎。雖然曾想過要當英文老師，但是我慢慢發現，我想要從事的是跟英文相關的教育、身心靈工作，可能因為我爺爺、外公都算是自己創業的，爺爺自己有漁塭留給爸爸那一代、外公賣豬肉在當地累積了不少資產（當年他騎著賓士級的重機從台北騎回嘉義）。即使我爸媽後來放棄家業、經營小本生意，後來北上當員工，但創業的基因可能部分還是有遺傳下來，或者說我的血液裡流著不輕易認輸、吃得了苦、能熬過黑暗期的精神。順著內在聲音的指引、選擇一條可能看似困難的道路，只要有背水一戰的決心，就是打自己有把握的戰。

盤點手邊擁有的有形、無形資產，就比較能借力使力，成立公司

之後，所需的資源、資金、協助也會順利就位。雖然我商學院的學分沒有修完，但是順著直覺和內心的指引，我走上斜槓這條路，把之前在申請雙主修國貿和企管時曾跟教授誇口說要實現的目標——將英語、教育學程和商學院三者結合的夢想完成！

最近一次震撼到業界的舉動，是協助帶領一個日記社團從零開始在五個多月內達到萬人，業績也跟著正成長。那時沒有人想到這個社團人數能達到萬人，我當時因為跟我的行銷導師學習如何整合個人粉專、社團、個人帳號，讓個人品牌、產品品牌及公司品牌的收益最大化。沒有花很多行銷預算，只有公司粉專的貼文廣告，其他都是社群帶起來的「使用者自主產生內容（UGC）」帶來的免費有機流量，當時剛好遇到Meta提供給優質社團的流量紅利，所以有一陣子就像「病毒行銷」一樣，有讀者分享一天內會從很多不同的地方看到社團的分享文。

這也是順應當時的天時、地利、人和，包含網路行銷、內在的動能，和那不到半年的時間裡啟動的一股奇象。

順服法則練習

　　如果你想要開始學習順服於內在的靈性，而不單只順服於外在的限制或境遇，在你的生活中可以應用的例子是什麼？

　　例如：遇到在工作上遇到與同事間溝通上的問題需要調解，不會覺得不想面對，而是能活在當下，把事情處理完，並放下過去、讓未來自然發展。

決心

在決心而不是遺憾上打造未來的結構。
不要在舊罪的陰影中摸索，
而是讓你自己的靈魂的光芒在希望的道路上閃耀，
並讓黑暗消散。

不要浪費眼淚在失去的歲月中坑坑疤疤的那些回憶上，
而是打開新的篇章並微笑，噢！
對那些為你保留的空白頁微笑以對。

胡扯不是你悔改的方式。要相信
這神聖的火花在你心中：讓它點燃。
提升的靈性可以達到的境界
那偉大和創造宇宙的原力都知曉；

祂們將協助並給你力量，如同光
讓一顆橡子成長到橡樹的高度。
但你一定要下決心，瞧！上帝的
整個宇宙將使你的靈魂堅定。

— 艾拉·惠勒·威爾科克斯 —
(1850～1919) 美國作家、詩人

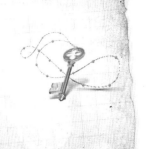

第3個法則

思想法則
Law of Thinking

「因為他心怎樣思量、他為人就是怎樣。」

《聖經》箴言書23：7

　　這句話的意思是一個人心裡想些什麼，他就會是那個樣子，任何我們在世界上經驗和體驗的一切是我們的思想造成的，我們的思想吸引來的，是由你大部分時間在想什麼所決定的。如果你一天二十四小時都在想一些亂七八糟的事，你會抱怨：「奇怪？為什麼我的願望不實現？」我會說那本來就不應該實現。

　　你的「主導心態」是什麼？問問自己，希望願望實現的話，你是否有一整天一直都在想著這個事情？如果你也設定六至十二月內創造六至十二年所做不到的成果會如何？或是想要寫書的話，你會寫什麼？讀者會想知道什麼？滿腦子都是這些問題時，你的行為表現就會是這樣。你可以問問朋友，最近有沒有什麼新的機會、新的想法等？記得要調整你的思想到你想要實現的東西上面。

有一個外國朋友，他有二至三個事業，我們夫妻曾問他說：「你平常有安排特定的時間做冥想、觀想你要的畫面嗎？」他說：「沒有，我不排特定的時間。」我反問：「難道吸引力裡面講的是假的？」他回答：「不是，因為我現在在跟你講話的時候，我都還看得到我要看到的畫面。」

所以觀想、冥想是在特定的時間點看見你要看到的東西，但成功的人無時無刻都烙印在腦子裡，想的都是完成以後的畫面，這也是我們可以提醒自己的地方，例如想著三年之後要達到的目標。

如果我們選擇關於「成功」的思想，把這樣的思想放在心智中，基於「同類相吸」的原理，類似的思想元素就會被吸引過來，我們的心靈也會被牽引，往宇宙的成功思想之流而去，而這種成功的思想之流就存在我們四周。滿腦子失敗或貧窮的人，最後就會落入類似的狀況——他們會不斷吸引到一堆接受失敗與貧窮的人。

大學畢業回到母校中山女高實習，我遇到的心靈導師剛好是天主教徒，她提醒我不要因為學生們一時的崇拜而迷失了自我，她引導我追求更高的目標。但因為那時正享受其中，被既是學妹又是學生的「弟子」們愛戴，這些話基本上是忠言逆耳，表面上有聽，但是沒有完全內化。

終於有一天，宇宙敲醒了我，一位一開始很黏、讓其他同學也很喜歡接近我的學生，突然不知道為什麼像是有憂鬱傾向、陷進情緒黑

洞一樣，活在一個人的世界中。SARS流行之後，我對她的所有關心好像都丟進大海裡一樣。上課時本來很有反應的她，開始低頭不看前方，在講台上的我頓時間心裡一陣空。那個本來說來到學校沒有看到我會覺得怪怪的學生，現在完全變了樣。最糟的是，身為老師的我，竟會因為一個學生而影響到自己上課的心情，我承認這是我的失職。

那感覺就像本來在雲端上，突然間墜落到谷底，我那時的成就感都建立在把活動辦好、同仁、長官、學生對我的反應和掌聲上。當我在學務處擔任社團幹事一年後，馬上就考上了正式的代理教師，當時有長官說我不是憑實力考取，只是運氣好而已，這讓我非常地在意。

這一切讓我覺得心裡出現了一個洞。直到後來，一位有著燦爛笑容的校友學姊跟我提到了大使嘉年華，建議我去當志工，順便去韓國玩。對於那時的我來說，很像是除了家之外，還有另外一個家可以撫慰我那時工作上遇到的瓶頸，感覺上我好像明白了那位心靈導師所說的話，我又開始快樂起來。

這個韓國教會有一些外界覺得奇怪的規定，不過我並沒有看到媒體說的不法之事。所以當教育部發文到我任職的學校說不准這個教會進入校園時，正義感使然，我跑去跟身為基督徒的校長說我也是這個教會的一份子，如果教會真如公文上面所說，那我應該就不適合擔任目前管理全校社團的位置，也就是我用自己的工作做擔保。

校長同理我所說的遭遇，但那是教育部的決策，她也無法改變。

我繼續跟主任和教官爭取也於事無補。雖然不影響我在學校的工作，但曾經覺得自己幫不上教會的忙而有些氣餒。

但就在同時，我在教會越來越不快樂。有一度我聽到曾有憂鬱症的姊妹在講述她自己的症狀時，心裡猛然一驚，發現自己好像也有一些症狀出現？

我們一個星期要做兩次禮拜，有時候很晚回家，家裡的人會擔心、對我不諒解，所以只好搬到教會附近。一開始我很感恩有奉獻的機會，但是後來發現我們所在的那個教會，好像只有幾個人是很持守十一的人。畢竟我還是凡人，看到很多姊妹做禮拜時穿得美美的，但是奉獻時好像不是那麼踴躍，即使知道奉獻是自己和神之間的事，但那時我自己那關快過不去了，我的十一開始變了質，數量不變，但是已經是基於恐懼了，爸爸更是不諒解為什麼我給教會的錢這麼多？此外，教會的佈道者都一再呼籲清晨四點禱告、表演團練舞的重要性，因為可以榮耀上帝。我白天還有八小時的正職工作、碩士班的課，只能利用學校醫護士的病床躺半小時到一小時補眠，結果曾經有幾次清晨四點竟然只有我一個人出席。姊妹說：「那你剛好擁有一個可以獨自跟神在一起的時間」。對，但當獨處的那些時候，我不斷在問神，到底我相信的這些是對還是不對？

平常我還是繼續努力持守教會的規定，但我已經不只一次騎摩托車從台北經忠孝橋飆回家時眼淚狂流。

　　我的信仰失去了原來的味道，我原本是因為快樂而進去的，但現在快樂到哪裡去了？即使是有些話當下聽起來不合理，但是是我自己選擇要繼續相信下去的啊！

　　慢慢地，我開始不再是原來的乖乖牌，那時我現在的先生是我傳道進去的，也不適應那邊的教會，所以我們先後差半年陸續離開了教會。我決定爭取前往澳門任教的機會，我先生那時則是去了一趟馬來西亞，帶回了《祕密》的DVD。

　　因為內在的狀態嚴重失衡，外在的狀況也沒有起色，我先生的團隊事業也開始走下坡，他那時無法處理跟人有關的事，而我當時也不明白，會覺得他為什麼不去做點努力，那時的財務也就跟著走下坡。我是領固定薪的，但那時因為不太懂得理財、存錢，加上十一奉獻、表演團的置裝費等，錢好像一直留不住，加上我已經決定要放下台灣的工作了，所以接下澳門高薪講師的工作是勢在必行了。

　　這兩個月，我們是在人生的低點，有一天他想到那一片連英文字幕都沒有的《祕密》DVD，死馬當活馬醫，乾脆播來一起看。沒想到，那一天是我人生的轉折點。一段時間的低潮，這一段影片裡面講的宇宙、神，好像是我原來進教會時所期待的樣子——上帝給我們無限的可能性，因為我們也有創造的能力。我們渴望去做的也同樣能榮耀上帝，而不是為了神而被迫要去犧牲自己發展的可能性。

　　腦海裡浮現過往很多壓抑許久、自己現在聽來都覺得不可思議的

事：「你去美國唸博士做什麼？唸博士後能榮耀上帝嗎？」「你去澳門做什麼？那裡是撒旦掌管的地方！那裡沒有正統的教會！」這不代表所有的教會的弟兄姊妹都是如此，只是剛好我有這段經歷。

物極必反，沒想到我這個乖乖牌竟然也有成為「叛徒」的一天。

我逃的很遠、離開台北、離開我的家、離開台灣兩年。

因為我知道身處的空氣幾乎快讓我窒息，連我寫下這一段文字時，我都還感受的到那時空氣凝結的瞬間。

看完《祕密》影片後，我的想法開始改變，我知道神有回應我。即使我離開原來的那個教會，但我還是相信無形的力量，當確認錄取成為澳門科技大學的講師時，我知道神幫我開了另一條路，讓我去一個完全陌生、沒有什麼人認識我的環境重新成長。我這次賭很大，因為我是先斬後奏，如果信仰是每個人跟神之間的關係，那麼當無形安排我去澳門時，能說這不是神的安排嗎？

在等待前往澳門的兩個月期間，我和先生從調整自己的想法開始做起，本來很簡陋、讓人有點沮喪不知道能在這種地方待多久的工作室漸漸豐盛起來。我們的《失落的致富經典》也在這期間接到出版社要跟我們簽版稅約的好消息，而神奇的是，接到消息的那一天正是我們學《祕密》影片最後面朗達・拜恩去海邊沙灘寫下Feel Good，而且將樹枝往上一丟，就在丟完不久後，先生接到出版社的電話。

在澳門的工作期間，因為忙著要適應不同的文化，又不想丟唯一台灣英文老師的臉，所以那些不愉快的過去好像從此拋在腦後，偶爾會出現，但已經傷不太到在澳門的我。我去參加過廣東話的教會，唱廣東話的詩歌時一樣會感動流淚，心想：「誰說這裡是撒旦掌管的教會？誰說神不愛這裡的人？」

狀況持續好轉，我的教學受到學校和學生的肯定，有機會帶團去美國、加拿大，因此也圓了自己大學時怕爸爸花錢而放棄去伯克萊遊學的夢想。我寄宿家庭的媽媽也很愛去教會，也因為這樣我有機會見識不一樣的禮拜，再次洗滌了我的心靈。聽到現代流行樂團Hillsong彈奏《從我心深處（From the Inside Out）》，我知道那無形的力量一直牽引著我——從台灣到澳門到美國，音樂無國界，只要能輕撫過心靈就是天籟。

《失落的致富經典》為我們帶來還不錯的版稅，一年後，另一家出版社又找我們合翻一本書，而這一筆版稅在我結束澳門工作，回台買房子、付頭款時扮演了即時雨的作用。

回頭看，這兩年像是療癒的工作之旅。我不知道是不是每一個心裡有過痛的人都會知道哪一種決定是對自己最好的辦法，但是那時的我知道離開台灣、換個環境、換個思考方向，對我來說是當下所能做的最好決定了。

內在是因、外在是果，那兩年我的收穫很多：學會聽、說部分的

廣東話、認識很多朋友、去中國不少地方旅遊、有時間學習做菜和甜點，每半年回台看爸媽時，一開始反對的爸媽也放心了。雖然還是一樣有過挫折，但是整體來說，因著想法的轉變，我在外在確實創造了很多我期待、同時也能榮耀那賜給我能力的造物主。

你的世界，是你的思想造就出來的

對一般人而言，人生是一個謎、很深的奧祕，是一個複雜、難以理解的問題，或至少看起來是這樣。但如果人能掌握關鍵，人生其實非常簡單。奧祕僅是無知的另一個代名詞。當沒有被完全理解時，所有的東西都是奧祕，但是當我們懂得人生時，它便不再神祕。

人是一個漸進的存在體，一個不斷成長的生物，在他眼前的是一片只能透過成長和他的內在力量才能航行和征服的無限汪洋。一個人的進展很大程度上取決於他的主導心態，因為人的一生中，心智是基本的主導力量，你應該要注意主導心態，因為它會規範一個人所有的驅力、能力和力量的行動和方向。這些加總起來必然會決定許多特定的經驗和個人的命運。

主導心態是由人對一般的事物、事件和人生的各種心態所組成。如果他的態度是開放、樂觀以及對人生是忠實的，他的主導心態將會展現出高度建設性和進步的傾向。由於我們所有的驅力幾乎都是透過有意識的心智以某種方式來運作，而且每天的心理和身體活動在很大

程度上是由有意識的心智來控制，所以顯而易見的，主導的心態將能決定個人的力量所要前進的方向。

如果他的主導心態是積極向上的，也就是有抱負、和諧、積極的，他的驅動力將被引導到有建設性的管道上，但如果他的主導心態是消極往下的，也就是不和諧、負面的，那麼他所有的驅動力幾乎都會被誤用。因此很明顯的，所有能左右人們生命和經驗的因素，沒有一個會比主導心態能發揮更大的影響力。

心態是想法的結果，這源自於觀點。因此，藉由尋求真實和自然的觀點，人也許能產生最好及最優越的想法，而這些反過來將決定了主導心態。

我們很容易相信那些遠超出我們所看到的事物，感官的證據是一些人能接受的唯一事實，但現在我們應當越能理解，其實是我們所相信的那些決定了我們所能看到的事物，換句話說，就是相信就會看到。許多的失敗是因為心理盲目，而不是道德偏差，如果一個人只能用眼睛看世界，那麼他的世界將會非常得小。據說毛毛蟲的世界只有像牠寄居的葉子般大小，大部分時候它無法活到足以吃完整片葉子。如果我們只單靠眼睛來看這個世界，那麼世界將只有眼睛可以看到的那麼大而已。

如果我們相信眼前的證據，我們會知道許多狀況不是真的。例如，如果你沿著鐵軌一直看去，你會發現在一定距離後，兩條軌道

會聚在一個點上，但這不是真的，不是嗎？當你擔心一些障礙或問題時，只要提醒自己根據法則，那可能只是幻覺而已、可能不是真實的就夠了。

你知道嗎？你的眼睛甚至也看不到該看到的！你的眼睛像是兩扇窗，窗戶的後面是一個反射器，反射出你所看到的圖像，並啟動了一股波流。這波流沿著神經走，將圖像回傳到大腦。這部分的大腦被稱為「記憶中心」，如果圖片是常見的，我們的記憶中心很容易就接收到它，但如果我們正在尋找一些新的照片、一些新的場景，我們的記憶無法立刻辨認出來，於是我們必須一直重複圖片許多次，直到它可以留下令人深刻的印象為止。因此，就算用我們的眼睛看不到，用我們的大腦就可以看到了。

思想法則是種細微精妙的元素，雖然是人眼所不能見，但它是確實存在的力量或實體，就像電、光、熱、水或甚至石頭一樣真實。我們被浩瀚的思想汪洋所包圍，我們的思想像電流、微細的光束、或音波般傳遞。宇宙中還不知道是否有其他原力或力量與它一樣快。這是一個經過驗證的事實，大腦是力量的電池，它是一股無限的原力，所以你思考的力量是取之不盡的。當我們對想法有多一些理解和正確使用它時，我們將學習如何去除自己的弊病，用我們希望的任何形式產生美好的事物。

我們思考的力量決定了我們的生存狀態。當一個人在「想」的時

候，就會產生一種四處遊走的力量，這種力量會產生一種輻射，依這個人的心意成為個體。我們的思想除了會影響自己的福祉之外，也會影響我們所想的人們。存放在記憶中的思想類型，或者說我們的慣性思維，會把同類的際遇吸引過來。

如果我們選擇關於「成功」的思想，把這樣的思想存放在心智中，基於「同類相吸」的原理，類似的思想元素就會被吸引過來。我們的心靈也會被牽引往宇宙的成功思想之流而去，而這種成功思想之流就存在於我們四周。

我們的靈識是會與那些跟我們方向一致的心靈相接觸，之後這些人就會出現在我們的人生中。因此，有成功意識的人會使成功朝他們而去，那就是成功的生活建立的基礎。心靈的法則永久在運作，持有失敗或貧困想法的人將會吸引到類似的狀況，也會吸引到能接受失敗和貧困想法的人。

另一方面，我們可以思考正面的情況、成功及充足，並以同樣的方式，享受生命的完整和豐富，心裡面想的是什麼會在外在世界顯現出來。

有人認為我們必須同時面對兩股力量，也就是為了吸引美好的事物，就必須處理掉不好的事物，但這不是真的。繁榮和貧窮不是兩件事情，它僅僅是一體的兩面，也就是指一樣的事情，只不過正確運用力量與否而已。我們不能想著充足，同時卻又擔心不太樂觀的情況。

當我們思考豐足時，缺乏將會消失，我們所有的思想必須指向我們渴望的那件事，這樣才能實現我們的渴望。我們的方法不是操控兩股力量，不是去處理善或惡，對或錯，繁榮或貧困，而是遵循「良善的法則」以及總是想著美好的事物，這樣我們就能把所有的美好事物傳遞出去。

心靈的力量像肥沃的土壤般不斷地進行創造，大自然並不區分是雜草還是花的種子。祂讓兩種種子都生長。其運用的是相同的能量，而心靈也是一樣。心靈能同時創造出好壞，而你的想法決定其創造出來的是什麼，我們越恐懼的事越會發生，所以不要在腦海中餵養任何的恐懼，以免發生在我們身上。

不管我們腦海中想的是什麼一定會成長，如果某些情況阻礙了我們，也許它是必須拔除的雜草，但重要的是要知道，這個狀況是我們所看到的結果，而不是真正的原因。往你的心靈深處挖，並找出是什麼原因造成的。如果我們無法辨別，也許其他人可以。接著用正確的想法將它取代掉，也就是說，如果是恐懼，就用勇氣來取代。如果是疾病的想法，就用健康的想法來取代。如果是一個有限制性的想法，就用豐足的想法來取代。強迫面對一些問題，我們就能改變想法的傾向。然後取代那些如雜草般的想法，它們就會自然地死去，如同雜草缺乏澆灌後就會枯萎一樣。

只要我們把事情當真，就會把能量投在其上。我們培育它、餵養

它、讓它活著。只要我們對那件事有信心，不管我們喜歡與否，它一定會自然成長，因為「成長法則」一直不斷運作，讓我們所種下去的種子開花結果。

人可以改變想法，但無法停止思考，這種思想的力量會不斷地在體內流動，就像我們呼吸的空氣一樣。人要面對的是如何導引他的思考力量進入一個有建設性的展現管道，這是一個經過科學驗證的事實，就是任何運作的力量都會產生某種效果。光只是想而已，我們就不斷地產生影響，而這些影響會反映在日常生活中。

當我們的想法是漫無目的和不完美的，我們就會為自己創造出痛苦和混亂，這是錯誤引導能量的結果。所以關於「自我成長」這部分，要問的第一個問題就是：

「我們目前是被自己的思想掌控，還是我們在掌控自己的思想？我們是在善用思想來使自己獲益，還是被思想驅使，不斷造成損失？」

平靜是一種有序、有紀律的、建設性的思維狀態，要獲得所有的東西，我們必須先回到有紀律、有序、建設性的心態。你的心受控嗎？你有任何控制的傾向嗎？你會太情緒化嗎？你會用急躁、暴躁、怨恨、仇恨、驕傲、嫉妒、自負、謊言、不誠實等來發洩你的感覺嗎？任何負面的情緒若控制了你的想法，將會拖延美好事物來到的時間，生活中主宰我們的任何事，會讓我們成為其奴隸。我們的缺陷及

所缺乏的事物，是因為一些不可抗力的影響導致我們盲目，讓我們得不到原本屬於我們的東西。

人是大自然的產物，被賦予力量去克服這所有的錯誤、邪惡的勢力。那股力量從來沒有失誤過，當使用正確時，人可以主宰一切。大自然沒有祂解決不了的問題、沒有不能去除的煩惱。祂所有的行動都是由「秩序和紀律的法則」所掌管，如果人可以模仿大自然的話，他也能說到和做到同樣的事。

心智是我們生活中發生的情況之源頭和成因，因此我們開始調整和約束我們的思想，使發生的事情穩定下來。每一個問題都源自心理層面，這就是我們必須學會控制想法來決定人生的另一個原因。

財富不是儲蓄或節儉的結果，很多節儉的人還是很窮，而許多揮金如土的人還是很富有；財富不是取決於任何特定的行業，因為特定的行業中也有富有和貧窮的人。是人的心態決定富有與否，而他常滋養的想法則決定其心態。

觀察大自然時會發現，萬物的每一個動作都很有節奏。你如果觀察貓的話會發現，牠會耐心等待老鼠幾個小時、飢餓的獅子不會大聲咆哮來尋找獵物，牠的本能提醒牠要安靜、偷偷地接近獵物。這是有組織、有建設性的行動、方法，人類也可以做到。反之，混亂的方法將具破壞性，並產生負面影響。

像慢慢接近獵物的獅子一樣，人會走向成功或建立任何有價值的

企業。人必須為了獲得成功而努力，只是大聲喊出自己的宣言是不夠的，當我們的想法是有組織的，想法就會在我們的掌控之中。也就是說，我們的想法會像是一個整體在運作。我們心智的表達要受控制，讓每一個思考的過程都是透過一個有秩序的方式。

所有的行動是思想的結果，思想決定了生活的條件，而為了有更好的生活條件，我們首先必須努力組織我們的想法。我們希望獲得生命中最好的事物，但我們卻不知道如何正確地思考。

一般人常胡思亂想，心中沒有明確的藍圖可以形塑他的想法，就算有，他也沒有每天把精力都放在上面，他的思想大部分是失控的、混亂的而且沒有組織的。這就是為什麼失望和失敗總是那麼相近，因為它們就是憑藉著優柔寡斷而滋長。

我們只會吸引自己所想的，這就是「思想法則」，如果想獲得成功，就必須想著它、必須針對它下功夫、必須成為它。為了成長，我們必須付出努力往上爬；為了獲得幸福，我們必須讓生活符合和諧和秩序的法則；為了要超越任何的限制，我們要建設性地組織我們的想法。如果一個人想爬一座山，他要做的第一件事是組織他的想法，他會慢慢往上爬，眼睛看向山頂，他也許會發現一條更好走的路、可能會繞路、可能會往後退一兩步、可能會跌倒、可能停下來休息以恢復體力，但因為他一直渴望著攻頂，所以他最終會抵達。

有一位女士打算把她的房子賣掉。她不明白是什麼原因讓她一直

賣不出去，因為她說已經禱告一段時間了。她每天幫家人準備早餐，然後送孩子們去上學，接著花三十分鐘的時間靜坐和閱讀。有朋友打電話給她，兩人聊了很久，都是聊一些無關痛癢的事，不久就到了準備午餐的時間。午飯後，鄰居找她閒聊超過一小時，中間只要一有事情她就馬上處理。她總是很忙碌，但不知道為什麼，她就是不喜歡做家務事。究竟是哪裡出了問題？

首先，除非別人要求她，不然她其實沒有紀律。每天她應丈夫的要求做早餐，應學校要求送孩子準時到校。至於賣房子，她沒有做任何的努力，竟以為只要靜坐冥想三十分鐘就能賣掉。本來該把時間管理好，她卻是馬上處理臨時發生的事，她的家事也綁住了她。後來，她終於想通了，每一天都會在心裡描繪她的工作，如果她要和朋友或鄰居聊天，她會設一個明確的時間，不會一直聊，她把工作安排得好好的，這樣她就能處理賣房子的事。幾個星期後，她說真的很喜歡目前的生活，因為一天結束後，她已經完成了許多事，而且沒有像以前那麼累。

你每天也是這樣遇到什麼事就做什麼嗎？還是你有針對自己的一天做計畫，明確地訂出要完成什麼，來實現你的目標、你的抱負？前者我們稱為「隨波逐流的人」，後者我們稱為「創造者」。

有一個汽車公司的老闆，前一年汽車外銷產量為76,000台，賺超過4500萬台幣。他是怎麼做到的呢？原來他每天仔細地安排工作，讓

他的團隊慢慢變得更有紀律、更互助合作。記者採訪時他說，他的計畫遠超過工作所要求的，所以他總是能保證達到自己的目標，這就是與「有序的思想法則」和諧一致的見證。

如果有任何的問題發生，這是因為我們沒有控制好自己的想法。要做到自制，就要有條理分明的思想方向：也就是說，我們要先訂出明確的目標，然後持續不斷地想著它，而不是只想三十分鐘而已，並且要安排時間、訂定工作計畫，使每一天都被建設性的勤務填滿，讓自己沒有時間可以浪費在聊八卦之類的事情上，這將使我們能夠踏實地走向成功。當所有的一切都在和諧和秩序中，問題將不再會使人困惑，祕密將不再是祕密，知識和理解將取代恐懼和無知，無形將成為有形，未知將會成為明確，生活中發生的情況不再是一個謎，而是「思想法則」的一個明確解釋。根據我們的思想狀態，我們成為我們想要成為的樣子。我們只會吸引來我們正在思考或創造的事物。

思想練習法則

從你的生活中舉一兩個例子是你試圖引導思想的力量到一個更有建設性的表達方式上。

例如：有朋友剛離婚，一開始她陷在情緒漩渦中，後來我跟她分享《力量》這類談「愛」「吸引力法則」主題相關的內容，引導她用新的觀點來看同一件事。

思想確為實體（Thoughts are Things）

我認為思想確為實體；
它們被賦與了身體、氣息與雙翼；
你我將之送出
讓世上充滿不同結果，或好或壞。

那你我稱為思想的神祕實體
加速前往世上最遠之處，
或者留下祝福，或者苦難
如同前進時，身後留下的軌跡一般。

我們透過思想，建構著自己的未來，
得致的成果或好或壞，卻對此一無所悉。
無論如何，宇宙仍如此成形。

思想乃命運之別稱；
慎選你的命運並拭目以待，
因為愛必帶來愛，恨必增添恨。

—— 亨利·範戴克

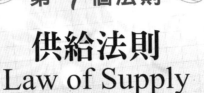

第4個法則
供給法則
Law of Supply

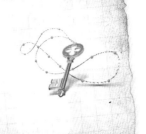

> 「你們祈求，就得到；尋求，就尋見；叩門，就必給你們開門。」
>
> 《馬太福音7章7節》

人類永遠無法感到滿足，這是不爭的事實，但是造物主沒有打算人類應該永遠感到滿足。

一個人存在的背後規律，在於不斷提昇、進步、成長，因此，當他實現某個願望之後，就會產生渴望，想要另一個更好的事物。當他又達到更高的境界時，就會再出現另一個更宏偉的境界來擴大他的視野，促使他繼續向前。所以，不斷進步的人生才是真正的人生，才是老天要人類活出的生命。

美好的法則是普遍的，我們不都是在尋求某種形式的美好嗎？科學宣稱，宇宙中充滿人類可以想像的美好事物之必要元素，人被賦予其渴望得到的任何美好事物之完整及持續供給。因此，我們相信人

類會尋求滿足其所有單純的渴望之企圖心。這件事是對的,也是很好的。

「供給法則」的關鍵就在於耶穌所說的:「凡你們禱告祈求的,無論是什麼,只要信是得著的,就必得著。」不論你是否有意識到,每個人都在某個階段中運用過這個法則,它在各地以及生命展現的每一個層面上都適用。我們每天都把最渴望的事情和期望吸引至生活當中。不管我們吸引到的是好的還是壞的,其運作的原則是相同的,但是,當我們希望生活中有更多美好的事物和少一點麻煩事,完整了解法則就是必要的,這樣才能用更直接的方式來調整我們的思想以符合法則,因此,我們有意識、聰明地使用其力量得到更大的好處。

我們一再說明造物主是我們的供給,而如果我們探其本源,會同意這說法是正確的。對一些人來說可能有難度,因為比起看見「創造者」,在尋找實體的源頭時,他們更容易看到的是創造物本身。我們不是「打從心底」相信造物主是我們的創造物的源頭,我們試著相信這是真的,而且理論上可以接受它,但卻充滿不確定性。有一些人很難相信他們沒有看到的東西,相信眼前所看到的事物是多麼的容易,如果我們現在就可以看到周圍充滿豐足,我們會願意相信並享受它。但我們應該要先相信會有美好事物的豐盛,接著我們就會看到並享受它,因此一開始的問題是,「哪一個先?先看到?還是先相信?」當研究了一些事實後,我們學習到是先相信,而法則是建立在我們的信

念上，之後才決定了我們所看到的事物。

人們一度相信魔法，他們曾經認為物質的東西可以從無到有、憑空出現，他們也相信東西可以消失不見。科學早已駁斥了這種想法，證明這種魔法是不可能的，除非是透過一些化學的把戲、或一種視覺上的錯覺，「無」永遠無法變成「有」，而「有」也永遠不會變成「無」。物質有百萬種方式可以轉換、蛻變和改變，但它永遠無法被摧毀，例如我們在土壤中種植橡子，它會發芽並長成樹，每年春天樹會長出葉子，秋天時葉子會掉落。樹葉掉到土壤中，成為肥沃土壤的一部分，樹生長了百年，死去、掉到土壤中腐化。這分解的木材慢慢變成土壤的一部分，並硬化成泥炭和煤。煤炭經開採後成為家庭所使用的燃料，經火焚燒後成灰燼，而所產生的熱能使家裡溫暖。灰燼再次被丟回土壤，當成土壤的養份，最後孕育另一顆種子，使其發芽，在適當時候長成一棵大樹。

根據一棵樹的物理循環，我們發現它的形式變化很多次——它排放出氣體、熱能、多種化學成份，如果能精確測量的話，我們會發現沒有失去任何一小部分，所有曾經產生過的供給現在仍然存在，因為沒有什麼是會被浪費或失去的，也就永遠不會有供應短缺的問題。

因為有些人看不到周圍的豐盛，且不認為有富足的證據，所以他們不理解或不運用法則，他們盲目地說，豐盛並不存在，而且就眼前所看到的，他們也許是對的。但是，當他們學會用心靈之眼去看時，

將有不同的理解。

人生中的每一個領域都會經歷一個稱為「需求和供給法則」的階段，我們這個時代經歷了觸控式螢幕、電腦、手機，還有推陳出新的社群媒體網站等。這個法則的祕密就在於在一個人的意識，一個人的生命不該是由他所擁有的豐盛東西所組成，而在於他所擁有的意識。人們周圍有所有的財 富，但卻只能享有其意識能分辨出的事物。

在此分享一個類似鑽石田的故事。主角住在匹茲堡郊外，經營一家小農場和乳製品。他日以繼夜辛苦地工作，賺取微薄的薪水以養活自己和家人。有一天，幾名測量附近土地的人士經過他的牧場。當他們經過田地中的一條小溪流時，農夫發現他們停下來低頭往下看，研究田間的軟泥和浮渣。有一個人用手舀起一些水喝。另外一個人用他腰間繫的水壺收集了一些水。農民感到困惑，不解為什麼會有人對那溪流感到興趣，因為連牛都不喜歡那個味道，而且為了要喝乾淨的水，牛還會把浮渣弄到一旁。

幾個星期後，一名男子打電話來，並開了一個天價要買下農場。他心想那人一定是瘋了，那樣的價格是永遠無法透過耕種使投資回本，因為他自己也試了好幾年了啊？對於能賣到這樣的好價錢他非常興奮地答應了。後來，他移居加拿大，住在弟弟家附近，並買了另一個農場。不久後，有一些奇怪的設備出現在農夫的舊農場上，消息不脛而走，原來是農場的新主人在此地發現了原油。短短幾年內，不到

一百英畝的農場為新買主生產了價值數百萬美元的石油，而農夫仍然貧困，且依然辛苦工作，因為他只知道如何耕種表面上的土壤。大自然其實已提供農夫富足的原油，但他只有理解一半，他只能看到都是石塊和泥土的農場，貧窮的農夫必須辛苦工作才能維生，這不能怪法則。當人類只求生活過得去，且只看到生活中的掙扎、辛勞、困難和限制的話，將會永遠貧窮。

我們最不該做的事，就是為了下一筆錢或物資要從哪裡來而擔心焦慮。擔心和焦慮往往限制和侷限了供給，它們往往會阻礙大大小小的物質之流動，而且，除了無法讓我們解除限制、改善我們的條件、或增加我們的供給，它們還把我們拉進更深的懷疑和恐懼之陣痛中。我們不再期待更多可以讓我們前進的事物，反而滋長了緊張和焦慮，這增加了我們的恐懼，為我們帶來的東西也就變得越來越少。與其限制我們的思想，我們必須更放鬆心情，我們必須使心智達到更大的思維狀態，當我們可以思考時，我們將獲得更豐盛的結果。這不代表工程師註定富有，而農民註定貧窮，也有窮的工程師和有錢的農夫。所以，不是由職業來決定財富，而是對我們的職業之需求決定了財富，當我們可以思考和理解從原來所擁有的事物中能產生更多的豐富時，我們不只會擴大想法，還會得到更豐盛的結果，這就是法則的基本原理。

磁鐵本身不具備力量，但一個專業的人把鋼鐵熔化、倒入一個模子中鑄造，再放到一個強力磁場中冷卻變硬了以後，就成為一塊磁

鐵，它就產生一股強大的吸引力。同樣的，如果有可能從一個對法則有充分理解的人身上得到協助，那麼我們的心靈磁鐵可以被磁化成一股強大的吸引力量。心靈磁鐵當然也可以用建設性的想法來磁化，但會需要一段時間才能產生效果，而缺乏毅力的人，可能在工作完成前就很容易氣餒。所以有時透過別人的幫助、有一個好的開始，會比相對上慢、且艱鉅的自我學習之路還要有效率。因為我們知道法則確實在運作，就能進步神速。

世上的貧窮，不論是個人或群體，其起源都在於貧窮的意志。為什麼有數百萬的人生活困頓？每年有數百萬人因飢餓而死亡？當然，這不是因為大自然低估了廣大人們的需要、不是因為沒有足夠的食物，而是因為人們的視野被這些貧困所限制住了。問農夫莊稼收成如何，他會告訴你，他的問題不是缺乏，而是供過於求；問問礦工，不管他採的是金、銀、鑽石、煤炭或鐵，他會告訴你，供給遠大於需求；如果是問科學家，他會告訴你食物充足，因為在空氣中有更多我們尚未發現的食物。一滴水、或一塊糖所含的能量比人類當下所能理解的還要多，是人類的配給出現了問題，宇宙的供給永遠大於需求，而一個人的需求則是取決於這個人的思想。

我們大多數主張，我們的吸引力太弱所以無法滿足需求。我們的心智就像是一塊磁鐵，會吸引同類，而根據磁鐵本身產生的磁吸力之比重決定了所吸引來的事物之大小。我們的憂慮和恐懼會大大地降低

心靈磁鐵的強度，而流向我們的美好事物慢慢地會被阻擋。如果我們的心靈力量變得太薄弱，那些正試圖迎向我們小小的美好事物甚至會因此而消失了。我們能使磁鐵產生磁吸力，我們也可以用心靈的能量來為我們的心靈充電，以產生吸引的力量。

就像大自然一樣，我們一定要遵循法則。為了要獲得興盛繁榮，大自然已經向我們展現，要如何能將現成的材料轉換成可用資源。可用資源就是我們的思想，而我們要用有建設性的想法來幫我們的心智充電，為了得到健康、幸福、財富，我們的思想必須有建設性。

如果我們心智的想法沒有足夠的力量、不是完全正面、積極的，跟大自然一樣，我們一定會遵守法則來摧毀它們。只接受一半的真理或有懶散的想法，一定會削弱我們的吸引力和接收能力，應仔細篩選過濾出強而有力的想法、還是懶散的想法，應該小心預防不讓其他薄弱的想法在無意識中對可以吸引美好事物的想法搞破壞。

一名男子很擔心他的工作。他在一家飯店工作很多年，今年第一次感受到淡季的影響。他聽說有人傳言公司將要倒閉，而且到春天前會裁員。他問霍利維爾博士：「你覺得我能做些什麼？」博士回答：「你可以做的只有一件事……回到你的工作崗位上並實踐法則。除了法則外，沒有人可以決定你的去留，意識到這一點且牢記在心，法則就會維持運作，如果法則為你安排另一個職位，在這扇門關閉前會有另一扇門打開。回到你的工作崗位上，不要理會這些傳言，讓別人去

擔心和煩惱，別讓自己受到他們的想法所左右。為了證明你對法則的信心，去準備你明年的業務計畫，並提升和改善你的工作能力。」

回去後他照著做，當公司真的開始裁員時，因為他始終抱持正面的想法，最後被公司留了下來，而且因為被賦予更多的工作和責任，他甚至得到加薪。如果他滋養恐懼、失業及缺乏的想法，他就會和其他人一樣被裁員。這就是有符合法則，如果他讓好的想法摻雜缺乏的想法，他就會削弱心靈磁鐵的力量。一個人所能吸引到的，永遠無法超過他的心智所能接受的程度，不管我們做了多少禱告、多大聲祈求，只有我們真的順著法則去做時，禱告祈求才會被應許，我們侍奉法則多少，法則就提供我們多少。

有一天在芝加哥一家大公司的電梯內，一名年輕男子被問道，「你的宗教信仰是什麼？」他立即回答說，他的宗教信仰是「西爾斯‧羅巴克公司」[註2]。那位年輕人現今已是該公司的高級主管之一。為什麼呢？因為他了解「供給法則」，他認為公司的成功就是他的成功。他的興趣與工作一致使他成為公司的核心成員。如今，他有很棒的桌椅、很漂亮的辦公室，以及很優渥的薪資。如果你需要的是得到

註2：從一開始杜蘭特就將汽車零配件製造商、組裝商組合進一個新的汽車製造業模式中，從而像管理單一成本流那樣管理整個公司的業務流程，此為杜蘭特模式。西爾斯‧羅巴克（Sears, Roebuck and Company）是最早模仿杜蘭特模式的公司。20世紀20年代，該公司與他的供應商簽定了長期合約，這使得西爾斯可以像設計自己的產品一樣與供應商協調，並且掌握和管理著整個成本流。西爾斯因此取得了幾十年的競爭優勢。

供給，那麼你的宗教信仰應該跟那位年輕人一樣，你的想法必須是豐富的。豐富和供給是一體的，為了使用「法則」你必須思考供給、談論供給，以及隨時想著如何供給。當你的想法被豐足的想法佔據時，其他所有缺乏或虧損的想法就會被摧毀掉。

要記得，不要把供給跟金錢搞混了。金錢只是宇宙各種供給中的其中一項而已。金錢並不是萬惡之源，對金錢的欲望才是。如果你只專注在金錢上，並使盡各種手段來賺取與積攢金錢，那就會迫使宇宙法則將其他善的事物閉鎖。如果你只專注在一部分，而沒有專注在整體，那你就只能得到那一小部分；如果你專注在整體上，就能享有當中的全部。如果你很愛錢，而且用法則只是為了要累積財富，也許你能獲得財富，但你會也失去很多美好的事物，你的生活會變得很空虛寂寞。

如果我們認同「法則」的話，就用「法則」來得到供給，並明智地使用它，我們將能滿足每一個渴望。我們將學會如何活得健康、自由，和有智慧，而不會有任何的損失。我們的生活將如「法則」所設計的那樣展現。

可能有很多人嘗試過要依循這些真理去做，曾很熱切地去複誦或思想著關於豐足供給的肯定語，但卻只得到一點點、或甚至沒有任何成果。會有這種狀況，通常是因為你的感官意識還太強大，超過你的心智能掌控的程度，你還是必須先看到才能相信。也就是說，雖然你

嘴裡講的是豐足供給，但是比起你試著要去想的那些東西，你更相信你雙眼所看到的現象。對你而言，有必要先訓練你的感官，使其能接受符合法則的思想。

佛羅倫斯‧希恩在《健康、財富與愛的人生祕密（The Game of Life and How to Play It）》書中有描述一個正在尋求新工作的人，由於身上的錢很少，所以心裡一直在掙扎是要買一件新的外套，還是先留著這筆錢，萬一要很久才能找到工作的話還可以應急。有人建議他應該買，但這是一件昂貴的皮衣，他的銀行戶頭會少很多錢。最後他還是買了。這件衣服增加了他的信心，所以他的雇主給了他一份很棒的工作。穿上皮衣讓他感到豐盛，而這次的突破增加了他的勇氣，所以法則繼續為他滿足其他的需求。當人因為看到一些繁榮的證據而感覺美好時，那麼做這件事就是明智的，這使得他更容易吸引豐盛。當然如果你眼前只看的到一疊帳單，或是你周圍盡是骯髒和限制的情況，這是沒有用的。遠離這樣的視線，以及到符合心中所渴望的地方是更好的。當我渴望能夠為自己或他人的繁榮而工作時，我會試圖待在一個充滿豐盛和美麗，以及身邊的人不會被侷限的地方。

因此，你可以穩穩地將所渴望的任何美好吸引進生活中，因為這是造物主的「旨意」——你應該享有能讓你幸福和成長的一切美好事物。因此，去調整你的渴望和法則兩者之間的計畫，並期待每一件美好的事物發生在你身上。而除了好事之外，其他的事是不會發生在你身上的。

當有人身處貧困而其他人卻擁有很多財富時，就是不好的狀態；家庭中的一個成員累積巨大的財富，卻犧牲了其他人，這也是不好的；當世界一片和平，卻有人生活在戰爭和混亂中更是一種不對的狀況。強者佔弱者的便宜是錯的，缺乏促進個人福祉和快樂的事物也是錯的。因此，不滿意、不和諧，停止成長及增加的事物都不是正常的，大自然原本就計畫人類的實質需求會被充分地滿足，如果人能與供給法則更和諧共處的話，那麼正常的特定需求就會完全被滿足，而不是滿足那些因為衝動而想要的事物。

大自然是豐富恩典的提供者，祂永遠是為了一個美好的目的來創造所有的事物、免費提供給人類使用。因此，每一個人都有權利得到他可以享用的所有美好事物。然而，人們卻歸功於外在的物質條件，而忽略了大自然的供給，首先要了解，我們存在的這個有形世界是「果」的領域，而在這些果之下，還有一個「因」的世界，然後要分辨清楚，當你會渴望特定的結果時，這是因為那個特定的「美好」已經存在於「因」的世界，這份渴望只是隱藏的成因之表相而已。

這就是「供給法則」，當你學會如何用適當的方式使用它時，你將能夠吸引各種你所渴望的美好事物，世界到處充滿「良善原則」，我們透過無數種方法接觸到它。要產出良善，每一個良善的想法都是種子，你被賦予所有的美好事物，這能讓你自由地分配和使用。你能享用的美好事物越多，你越能與這永恆的「良善精神」和諧共存。學

習了解如何去汲取「供給的源頭」，因為在你的人生中所能享用的美好事物是沒有限制的。事實上，人類體現了與其最高福祉相關的每一個法則，因此，他與每一件可以提高自己的幸福、或促進成長的美好事物並沒有分離。但他是否擁有所渴望的事物，很大的程度上取決於自己能否發揮目前所具備的天賦和力量，人們對真相了解越多，越能透過建設性的方式使用力量，在他能展現的範圍裡以及自己的世界中，所能創造出的美好事物越多。

🦊 買下，再賣掉千萬元房子的心路歷程

從澳門回台不久，我和我先生用十萬元下訂買了一棟透過別墅後，卻發現理想很美好，但現實很骨感。雙方家長都反對，所以只得咬著牙關靠自己！那時我們一度以為沒有希望了。先生那時安慰我說沒關係，以後我再買給你，我們以後一定會住在這樣的房子，說完更想哭！

雖然一些身心靈書裡說這些是幻象、彩蛋，要從中取回力量、要放下，可是眼前的這些真實得令人害怕。幸好，我們沒有沈溺在這樣的情緒太久，我們彼此提醒，在沒有其他金援的情況下，我容許接納當下有失望和渴望的感受，並給自己足夠的時間去感覺當下的感受。我也有能力、願意放手讓這個感受離開，不久後這個感受就離開了。

　　後來我們跟代銷大姊說我們打算退訂，沒想到出現了大轉機。因為想到自己當年買房的情形，所以她跟我們說如果是不喜歡這個房子，她可以退訂，但如果是很喜歡的話，她可以再想辦法。那時的她泛著淚光，而我們本來已經做好了放棄的打算了，沒想到竟然還有辦法。後來我們趕上了政府當年為刺激買房的最後一波優惠房貸，再加上她另外請建設公司讓我們無息分期繳款三年，因為我們那時還有未領到的版稅。銀行看了我在澳門兩年的薪資、我先生的扣繳憑單後，希望提出其他的資產加強作保。這時我先生的媽媽改變了想法，以她名下在天母的房子作保，此外，我爸媽也轉變態度，贊助了一些費用。另外一本翻譯的稿費也在此時撥款下來，這些機遇讓我們因此絕處逢生，筆下的支票數字都是以幾十萬、百萬、千萬計的。我們漸漸適應了，因為這不就是我們當初我們向宇宙下的訂單，而宇宙真的回應我們了！當我們放下、不執著時，「怎麼做到的」果真不是我們有限的思維所能想到的。當搬進去之後，我們才發現這棟房子和我之前在美式賣場買的歐式餅乾盒，都是一樣的北歐風獨棟房，就像是3D夢想板的顯化。

　　在那時我才真的了解到：要「小心我們下的訂單」，因為宇宙的「供給」都在，但我們的心臟要夠強才能挺得住宇宙給你下的震撼彈，因為我們自身的容器要夠大才能盛接得住宇宙要供給我們的禮物！

故事結束了嗎？當然還沒，買下房子後，將要面對的房貸也是一個挑戰，我們打算用它來當生財的工具之一，當我們有能力賺得到房貸的數字時，表示是另一種程度的擴張。

後來公公過世、小孩出生，婆婆搬來和我們一起住之後，就可以幫忙顧小孩，讓我們全力拼事業。但好景不常，她後來檢查出乳癌末期，本來她和孩子的房間是在三樓，沒有電梯，爬上爬下其實已經是很大的負擔了。後來知道她老人家的心願是搬回用來幫我們加強作保的那間房，因為不知道還能維持多久，她希望能在最後的幾年回到她熟悉的地方，將老房翻修。因為是一整層，不用爬上爬下，加上是公寓二樓，出門去市場對她來說負擔較輕。雖然這棟房子曾是我們的夢想，但親人比較重要，所以我們二話不說，決定把房子賣掉，計畫將賣完的錢拿來翻修婆婆心心念念的三十多年老房。

只不過當年買房很快，但百坪的物件相對不好脫手，我們整整賣了一年半。當時有幾位委任的房仲曾建議我們以低於實價登錄的價格出售，但是我們覺得不能賤賣我們的資產。後來也從《祕密如何改變我們的人生》書中提到「如何成功銷售不動產」的兩個實務案例中得到啟發，果然找到一個算很阿莎力的企業家買主，沒有要求重新上漆和處理一些像漏水問題。宇宙的「供給」果然都在，只是看我們有無信心等待最適合的那個時機點、關鍵的人出現。

供給法則練習

　　我們一定要教育自己的心智達到一個更高的思想狀態。當我們可以思考和理解更多富足時，我們可以得到更多的富足。不是職業決定財富，而是我們在職業上產生的需求決定財富，想一想，你的職業所產生的需求是什麼？

應許之地（The Promised Land）

我不應該看向遙遠的天上，
尋求我天父仁慈援助；
因為祂的寶藏就在這塊土地上，
而且這裡就是祂的國度。

不再相信如迷霧般的表相，
我將尋找應許之地；
時間是祂寶座的腳凳，
而我交託至祂的手上。

比最純的黃金還值錢的財富就在這裡，
如果我忍不住想問的話；
而猜不透的智慧和無盡的力量，
是為了每一項任務而存在。

天堂的門就在我眼前；
大門的鑰匙就在我手上；
我不應該再看向遙遠的天上；
因為這裡就是應許之地。

—— 阿爾瓦·羅曼納

第5個法則

吸引力法則
Law of Attraction

「渴望就是期待，期待就會達到。」

當你開始決定要「啟動你的成功奇象」，開始去做些什麼，後續就會開始產生一些效應，吸引來一些人事物，產生一種速度、動能、吸引的力量。為何要把7大個驅力和十一個宇宙法則放在一起，因為心想事成的每一件事都跟行動有關。如果當年我先生沒有先翻譯《失落的「世紀」致富經典》的話，後續就不會吸引到出版社，找上他要正式出版《失落的致富經典》。

興趣、注意力、期待三部曲——
從吸引一隻貓、一杯咖啡開始

我對7大驅力很有共鳴，但我也喜歡宇宙法則這一類的資訊，所以我一直定位自己是界於身心靈和成功學中間的教育訓練工作者。後來我顯化了一棟美麗的房子，又為了婆婆賣掉、找到優質的新屋主，並擁有了自己的線上事業，扮演對外品牌的角色、提供身心靈相關的

產品和服務。只要是我設定的目標，大部分都實現，因為當開始了某一個專案，我就會全力以赴，相信自己一定可以做到。

如果有想要達成的願望，表示在無形的世界中已經成形了，所以我才會有這樣的想法。

好幾年前，我曾經在玩具店相中一隻金吉拉玩具貓（下頁左圖），當時只是覺得它很可愛就買回去了，即使搬了好幾次家都還一直保留著它。直到2006年，那時吸引力法則風潮還沒開始流行，有一次在我們要去吃飯的途中經過一家寵物店，本來只是逛逛而已，後來店員跟我們介紹了一隻小貓，說主人送牠來美容後之後就沒來帶走了。當我第一次抱牠時，牠就給我抱，本來想馬上認養，但我先生要我先忍住雙魚座的衝動，說先等幾天再看看，如果還是很想把牠帶回家再說。最後我們添購了牠的窩、貓沙等。搬到新家整理時發現那一隻玩具貓，跟我認養的這隻貓（如下圖），還真的有點像，都是灰色、紅磚鼻、長毛，這也算是符合「願景板（vision board）」的其中一個小實證。

掌管成果的基本法則會經歷兩個重要的階段，一個是「渴望」，另一個是「期待」。必須遵守這兩個階段，才能獲得最佳和最大的成果。

第一階段的「渴望」包含了一個積極的吸引過程——即當一個人很想要某件東西時，他就會產生一股吸引力，讓他與所渴望、無形的東西相連結。如果他削弱或改變渴望，那麼這股吸引力就會中斷。但如果他仍然不斷地維持他的渴望或野心，所渴望的美好事物遲早還是會部分或全部實現。原則就是，除非你有渴望，否則你無法實現任何事情。「渴望」的動力，使其成為實體。

另外，除非你期待得到某件事的部分或全部，否則就算渴望也沒有用。沒有期待的渴望只是空想、做白日夢，浪費了許多寶貴的心靈能量。渴望讓你與內在世界的成因相連結，透過無形的方式使你與渴望的東西相連。然後，為了使其成真，不斷的期待是必要的。就像是重力一樣，「期待」是一種心靈的拉力，會在無形的領域中發揮作用。

我們都知道有許多人會去渴望一些他們從來不會期待、也不會付出任何努力去得到的事物，他們可能會半途而廢。當他們學會完成接下來的過程，和學習去期待他們所渴望的事物時，才能穩定地實現自己的夢想或願望。

我們也知道有些人期待著他們不想要的事不要發生，但這些往

往都會發生。這證明「期待」是一股強大的吸引力，不要去預期得到你不想要的事物，也不要去渴望你無法預期自己能得到的東西。當你預期自己不想要的事物出現時，就會吸引到它；當你渴望某個你無法預期能得到的事物時，你只是在浪費重要的心靈力量而已。另一方面，當你不斷期待你所渴望的事物時，你吸引事物的能力會變得勢不可擋。渴望使你與所渴望的事物相連結，而期待將它吸引到你的生活中，這就是宇宙法則。

如果你正承受著貧窮、辛苦、限制，或任何形式的缺乏帶來的壓迫，就可以開始運用「吸引力法則」了，期許會慢慢地讓更美好的事物發生、情況獲得改善。快樂和自由是你的權利，因此，我們應該尋求、了解更多看不見的心靈創造法則，和蟄伏在我們人類身上的奇妙可能性。大自然不會剝奪我們享用渴望著的美好事物，反而提供我們心靈裝備和內在動力，使我們享用所有的美好，以確保活得快樂、有價值。

除非應用所學知識，否則知識的價值會很低或根本沒價值。要開始使用心靈的力量以增加我們生活中的美好事物時，有一個與法則和諧一致的簡單方法可以運用——在心中為你想要的事物形塑清楚的圖像。不要限定它呈現的形式，只要堅定地渴望更多的美好事物，避免處於緊張或焦慮的狀態，在安靜及輕鬆的狀態下練習你的心靈圖像、讓美好的想法或計畫透過生動的心理圖像展現，彷彿是心靈電影院一

樣。不要強迫思考，因為壓力會造成阻塞和混亂，你越是平靜，結果越好。最重要的一點就是堅持自己的想法，然後讓自己平靜、自信地確信你尋求的必會來臨，藉此滋養你的渴望或欲求。如果能堅持這樣的心態，你所渴望的美好事物一定會朝你而去。可能很快就會吸引到一些小事發生，例如收到一封邀請、一本書，或者在大街上遇到一個朋友。有時候按照渴望的美好事物之清晰和強度，以及特定形式，有些事可能會需要一段時間才會實現。這時，要理性、務實一點，開始去做那些你能做的、有助於實現渴望的事情。

老天爺不會幫助想要不勞而獲的人。是的，行動就決定了結果，這能為你心靈創造的過程提供協助，並提供展現的媒介。最後，把結果交託給宇宙法則。當完成了你那部分的責任，接下來的事就交給法則去處理。你和法則配合的程度決定了實現夢想會需要的時間。人類才會區分過去、現在和未來，但對法則來說，沒有時間的區別，祂總是在當下就做出反應。

某些時候會出現近乎神奇的結果，通常這是因為對美好的事物有一份很深的渴望，不過不要預設是透過什麼方式實現，你多付出的「行動」會以最美好的結果來收尾。

當你把「渴望」和「期待」這兩個要素結合時，你永遠跟法則站在同一邊，你是在運用一個隱藏的智慧，並用實際的行動來實現你的渴望。我們每天或多或少都在使用吸引力法則，但通常會在不知不覺

中，也因此沒有做的十分到位。

最後，不要貪求屬於其他人的事物，因為從某個層面上來說，這樣的人會因為剝奪別人的東西而承受痛苦。唯有能使人生圓滿的人，才能讓自己變得更快樂，也才能去幫助其他人活得更美好。善用上帝賦予你的智慧來分辨你的渴望是否合理，你的渴望是為了得到和諧、滿足以及豐盛。只要符合法則行事，並不斷地期待更多美好的事物發生，證明你對智慧體充滿了信心，那麼你就能得到更多的美好事物。

心靈是一塊磁鐵，會吸引任何對應的主導心態，無論我們腦海裡形塑的是什麼、不管我們期待和思考的是什麼，往往會帶來與其和諧一致的事物和情況。科學已經證明了心靈吸引力的存在，而且它會一直持續不斷地運作。因為這樣，大家更應該認真去了解，我們的主導心態是我們生活中一切事情的主要原因，越早意識到這個真相，就能越快改善自己的生命歷程。

我們必須渴望成長，讓法則有機會來幫助我們，一切都會為了我們而運作。障礙會增強我們想贏的決心，別人給我們的挫折只會加強和激發更強的行動力。讓我們看得更清晰，更充分地了解到每一個困難都是前進的機會、每一個絆腳石都是成功的墊腳石。此時所謂的重擔將失去它們的重量，因為內在的靈魂是無法被戰勝的。當渴望和抱負被喚醒時，會產生更大的力量和更充沛的智慧，這將引導我們的思想和行動通往能被征服的高峰之路上。

心靈吸引力法則和萬有引力定律的運作都很準確。相信你有聽過「物以類聚」、「同性相吸」或「與同一個事物相等的各事物彼此相等」等描述、人會吸引想法和行為跟自己類似的人。接下來我要解釋建立實相的三個步驟，按照這些建議去做，可以避免可能會犯錯的地方：

★ 第一步是「興趣」

興趣指的是對某些人事物會產生的特殊注意力，這個概念傾向在外在世界找尋已經存在腦海中的事物，能帶給你快樂、喜悅、智慧和滿足的那些事情都是興趣。

每個人的興趣差異很大，你認為有趣的事物，別人可能認為很無趣，但這會讓我們盲目地忽略掉我們沒什麼興趣的事物，這可能是導致許多人失誤的原因。我們可能會對缺乏豐盛、喜悅、健康的事情感興趣，卻錯過了我們最渴望的事物、忽略了能使我們健康和繁榮的事物。因為我們很容易透過習慣或無知而對一些小事感到興趣，因此我們就無法吸引到那些其實就在我們身邊更大、更美好的事物。

有一位年輕的男子問霍利維爾博士如何增加收入，因為他對目前微薄的收入感到不滿。他是一名電工，一天要工作好幾個小時。他喜歡待在家裡、喜歡種種花草、看看報紙，偶爾才出門與人打交道。博士告訴他如果想賺取更多的收入，他需要培養興趣才能賺取高薪。也就是必須做一些事，而不只是希望或祈禱而已。他決定去讀夜校

以提升他的能力，他不再老是看報紙，而會去閱讀書籍和其他資料。後來，他發現自己對廣播很有興趣，且對涉足廣播業的可能性充滿熱忱。這個興趣帶領他到新的圈子，讓他在一家發展中的廣播公司謀得一個職位。在很短的時間內，他就培養出新的興趣，而且收入增加了三倍。所以，面對不滿意的生活，除了自己外，真的不能怪任何人，因為是自己未能透過渴望來擴大興趣。

生活漫無目的的人是不快樂的。有一名女士問霍利維爾博士一個問題，就是現今許多家庭主婦會面臨的問題——放棄追求曾渴望的事物。這名女士有一棟漂亮的房子、貼心的丈夫、可使喚的傭人，還有兩個引以為傲的好兒子。但是即使擁有這一切，她還是非常不快樂。隨著兒子們的成長，她不斷地訓練和照顧他們。現在，他們已經成家了，當她待在家裡的那段時間，她的丈夫事業有成，這讓他常流連於俱樂部，並結交了新的朋友。他每天都很晚回家，而且週末大部分時間都在別的地方。她雖然擁有一棟大房子和傭人、生活富裕，但卻感受不到愛或幸福，她意識到他們夫妻之間的鴻溝越來越大，而且知道她的丈夫不久後會希望離婚，於是她被迫尋求出路。

博士得知她對藝術和文學還保有興趣，所以建議她夏天出國旅行，看看新的景色，並在冬天計畫新的研究。她回來後覺得整個人煥然一新，而且急著開始找工作。她加入了文學社而且非常喜愛，並進一步參與一些小型的戲劇活動，一直到有一天她的興趣成為炙熱的渴

望，更進一步得到了工作，孤獨感隨著新的野心就這樣消失不見了。最後，她進到電台工作，做得非常成功。她的兒子以她的成就為榮、她的丈夫羨慕她，此刻她終於感覺到幸福了。

所以我們必須保有一些興趣。人必須讓想法保持活躍與積極，以免失去個人的吸引力，一股強大的磁力是建立在一個強大的想法或原則之上。這個想法或原則會引導我們的興趣，而這又會牽動內在的吸引力量。

有數不清的例子都告訴我們：功成名就的男性或女性都是因為喜愛而活出一些良善的原則。且帶著興趣去做、力行這樣的原則，總是能吸引到美好的事物。

★ 第二步是注意力

擁有高度的興趣是不夠的，我們必須把這種興趣注入到日常活動中。我們的注意力必須反映出我們的興趣，越有興趣的事物，注意力會越集中。正是因為我們對興趣的這份關注，在外在的世界才能實現我們腦海中形成的想法，當我們引導注意力到感興趣的事物上時，就會磁化我們的吸引力，然後吸引到一些跟我們類似的想法。當全神貫注在感興趣的事物上時，我們會發現，之前那些愛關心芝麻蒜皮小事的傾向，大多會被那些更有意義的興趣所取代，推動著我們不斷地進步。

有一個鐵路局的基層主管經常在下班後忙到深夜，他的辦公室常常燈火通明，總能看見他忙著整理一些重要的資料。他似乎沉浸在工作的樂趣中，他所有的注意力都放在要如何做才能對僱主更有利上面，幾年時間過去了，他一路穩穩地升遷到另一個更好的職位。如今，他是世界上最大的鐵路公司副總裁身邊的得力助手，無論他做什麼，都是盡全力去做，而且他的注意力從來沒有減弱過，直到自認為做得很好為止，他從沒想過何時能爬到現在這個位置，只是努力地做好本份而已，只要能做到自我肯定，必定能提供一流的服務。巨額的薪酬會支付給那些自願多做一些的人，而將注意力放在興趣中的人，成就將會非常的有價值。

「大多數的人一輩子都在憂慮，直到進入了墳墓。而仍有偉大無私的靈魂忘記自我而成為不朽。」

——愛默生

你可能會反駁說，有些具備這些優勢和機會的人雖然努力進取，卻沒有成功。他們有影響力、金錢、腦袋，但不知道為什麼就是沒有辦法達到巔峰。其實他們的內在缺乏某樣東西，所有導致成功的起因埋藏在心靈深處，而人必須先讓注意力和興趣符合原則。這是什麼意思？

　　如果你認同誠實，那麼你要用所有的注意力來支持誠實的原則，你要用誠實的方式引導注意力去做和思考所有的事。即使你有機會能欺騙他人或從另一個人身上竊取東西，你也應該要堅持你的原則，拒絕佔任何的便宜。剛開始時會很微不足道，但這僅僅是一個開端，會快速地擴散開來。從表面上，誠實的好處很難看得出，但總有一天你會看到而且對此感到滿意。當你留意了你的行為，並使每一件事都符合你的原則，代表你正在用誠實幫你的心智充電，而它會變得有磁吸力，能吸引別人誠實以對，並獲得永久的成功。

　　如果你還沒有建立自己的原則，那就建立一個吧，以此為基礎，當你努力專注在一些有建設性的興趣上時，你將不再關注那些比較沒建設性的事物，就不用做那些其他人可能會做的事情。他們要去面對自己的不誠實、調整自己的心智，吸引力法則要我們做內在的修正，如果我們有下功夫的話，祂會繼續為我們的外在世界努力。我們的想法刺激了興趣，並引導我們注意力的方向。因此，不要迷失在會導致我們吸引到不想要的事物的想法中。

★ 第三步是期待

　　這是注意力的進階版，是帶著強度的注意力。用貓的行動來做比喻，就像是牠一樣在老鼠洞外耐心地等待，期待能抓到老鼠，因為牠相信一定會抓到。如果貓不相信、不期待能抓到老鼠的話，牠的興趣和注意力會缺乏目前有的強度，牠的精力就不會這麼旺盛。當你相信

你的事業能成功的機率很高時，你就會在工作中經歷到高度的興趣。興趣透過期待而得到增強，而你將為自己帶來成功。你的期望必須建立在你的興趣和注意力之上。

如果你正為了成功、健康、幸福而努力，雖然你希望得到很多，但你只能享有你期待的那麼多而已。如果你懷疑或擔心你的需求只有部分能得到滿足、或根本得不到滿足，那麼你能得到的就是這麼多而已。當你為某件事禱告，接著卻又恐懼和懷疑，你就減損了心靈的力量，只能吸引到侷限的想法所相信和期待的事物而已。

有一位著名的醫生被問到為什麼他能醫治別人醫不了的病。他回答說：「我從來不去想病人嚴重到無法存活。在我的腦中，一直是在想還有哪些治療的方法，這些想法有時可能非常簡單或很奇怪，但那時候我心裡就是有某個聲音，所以我相信並使用它。」這位醫生說當他堅信病人會康復時，他真的都能治好他們。

當我們充滿著不會失敗的堅定想法，我們就能預期得到成功。藉由信念來強化我們的心智，就像一塊磁鐵一樣，透過遵守法則，把在當下對我們而言最重要的渴望給吸引過來。渴望就是期待，期待就能實現夢想。

吸引力法則練習

　　霍利維爾博士說：「沒有期待的渴望是愚昧的想望以及做白日夢」。盡可能簡單描述「興趣」「注意力」以及「期待」在你生命中是如何扮演啟動吸引力法則的角色。

　　例如：我的「興趣」是旅遊，所以當有網友分享旅遊的照片時，我的「注意力」就會被吸引過去，而我「期待」去旅行時能再次享受品味生活的感覺，所以會吸引到剛好可以前往那個國家出差兼旅遊的機會。

第6個法則

接收法則
Law of Receiving

　　老子說過：「汝欲取之，必先與之」；已故的成功學大師吉姆・羅恩（Jim Rohn）曾說：「只要你幫助夠多人得到他們想要的東西，就一定能得到你想要的東西。」所以，想成為吸引財富的磁鐵，就必須撥出一定的比例捐贈，不一定要捐10%，1%也可以。這不是帶著目的的捐獻，因為行為和思想是互相影響的。調整思想到主動採取行動。問自己：「如果我的思想是充滿富足的，那麼有什麼是我可以開始的行動？」

　　理解能讓事情簡單化，而缺乏理解則會把事情複雜化。

　　為了使個人信仰能更務實一點，我們需要了解信仰是什麼，並遵守其法則。宇宙法則的教導讓我們明白自私的生活會帶來錯誤的結果，並讓我們回到宇宙中那條愛、智慧和力量的道路。從一個人的言行舉止可以看出他是否有找到這條路的道每個人心中都有一個小宇宙，透過個人的信仰將其顯現出來，並展現出愛、智慧和力量。

　　想尋求過一個更偉大的生活，卻把「得到」當作目標的人，無法在靈性層面找到真實的人生。就某種程度而言，若尋求者和宇宙法則

中間有任何阻礙的話，就會使其分離、無法合而為一。每個人都有自己的觀點和渴望，但對於那賦予人無限權威和力量的創造者，我們的了解和體驗是有限的。因此，在有限的理解狀態下，我們推斷：「要給予之前，我們必須先得到」，但矛盾的是，我們同時又認同「在得到之前，我們必須先付出」。於是，我們繼續把「得到」的想法放在最重要的順位，並失去了奉獻的精神。

「給予」這個最首要或最基本的人生法則，是一切創造的第一定律，「只想獲得」的心態反映出他生活在一個壓抑的狀態，只要這個心態佔主導地位，那麼他的心智就幾乎處於癱瘓狀態。而根據創造的基本法則，他的行動力也會跟著受限。

用無線電的比喻有助於解釋付出及得到、禱告和得到祝福的過程。其中的原則非常相似，只不過後者指的是精神層面。當電台人員在籌畫一個節目頻道時，在訊號發射出去後，乙太或是空氣會把振動頻率傳送到能夠接收它的電台上去。同樣的，當我們禱告的時候，渴望會引起振動頻率，而這頻率會被我們禱告的力量、目的、誠意所決定的驅動力接收到。

當我們禱告時，很容易會認為需要不斷的禱告才會實現，但結果是我們從來沒有自我調整，好讓自己容易接收的到宇宙要給我們的答案。因此，當我們沒有及時得到想要的結果時，我們就會抱怨，愛做白日夢的人會不斷地祈禱，釋出他的想法及渴望，並繼續忙著做夢，

認為自己已經得到夢想中的一切，他不知道當釋出自己的夢想、並放任它去後，在某個適當的時間點上，其實他想要的就會回到他身上。在你為渴望的事物描繪出清楚的圖像之後，就要把這思想釋放給上天──要放手讓它走，就像把一顆沒有綁著繩子或橡皮筋的球丟出去一樣。

「人的盡頭是神的開端」這句話是真的，因為當人達到極限時，他會絕望地停止所有的努力，這時宇宙法則有機會回應他的渴望，所以事情開始有了轉變。你應該聽過一些類似的故事吧？例如突然出現了一本你正需要的書、被邀請到一個你很想參加的場合、或走在大街上剛好見到某個很想念的朋友？可能你在某一段時間曾發送出一個想法或願望，然後就完全忘了這回事，結果後來就實現了。但不知道為什麼，當遇到更重大的事情時，我們卻無法輕易地釋放掉渴望，反而焦慮地將其抓緊。心靈就像一個海綿，它吸收了焦慮的想法，直到我們擠壓、釋放掉焦慮，讓它回到原本的形狀，才能再次吸收正面的想法。

當我們透過禱告或其他方式表達我們的需要後，我們應該積極地與宇宙法則合作，而且這還是剛開始而已。不管你給出去的是思想、言詞、服務或其他行為，「給予」永遠先起跑，並且預定了後續的接收。

有些人可能認為「接收法則」是一個雙向法則，就是有一半的時

間忙著給予，另一半的時間忙著接收，但這就像熱與冷，也就是說，如果我們一直專注在冷上面，卻希望、祈禱得到熱能，我們很可能會凍死，我們要做的是集中心力升火或尋求能取暖的方法。如果我們只專注在「接收」，而不「提出」任何想法或希望，我們一樣會退化，除非我們能夠任意放大或釋出我們所渴望的美好事物，否則宇宙也就無法繼續提供我們需要的一切。許多人得到的結果不盡理想，因為他們告訴自己「嗯，在我得到之後，我就會給予。」如果你希望好事發生，那麼你必須先提供一些不錯的價值。

一名年輕人送給女朋友一顆假的鑽石當禮物。後來他遇到財務危機，女朋友著急地想幫助他渡過難關，貼心地寫了一張紙條給他。她將他送的禮物包好還給他，並建議他賣掉。年輕人對當初送給女朋友是假鑽石感到很抱歉，他自己也嚐到了苦果，因為在他最需要幫助時，他得到的竟是當初的仿冒品。

當我們提到「給予」時，大多數人會想到的是付出金錢。金錢本質上能服從我們的意志，有的人太貪心以致於會不擇手段來取得金錢，可能會做一些可怕、無助於成長的事。但在過程中，是他這個人失去價值，而不是金錢，不管值不值得擁有財富，人們都能透過金錢完成想完成的事物，因為金錢是中性的。錢還是會快樂地流往使用它的人身上，而在付出金錢時，金錢本身不會失去價值。

為了交易，金錢會以各式各樣的形式呈現，而且是透過意念達成

此目的。如果我們不能在交換的過程中給予價值，我們就無法理解繁榮的法則。金錢的價值是由人的心智所衡量，而其形式是簡單的豐盛交換。當我們呈現最好的服務時，要忘掉自我、集中在「給予」的喜悅上，而不是只專注在得到回報上，這時我們會發現，我們的目的其實和金錢的目的一樣，都是為了正義和永恆的善。

常聽到有人說：「我有付出啊，直到對我造成傷害為止，但我很少看到有任何回報的跡象。」給予的方式可以是正確或錯誤的，也可以是粗心、衝動的，或是認真、科學的。當對一個人或一群人付出卻延緩了我們的進展時，我們其實是在浪費手邊的資源；而當給予一個不努力幫助自己的人，我們也不用指望從他身上得到好的回報。

老天不會幫助那些遊手好閒之徒，但祂會給予那些努力掙扎的人力量。如果我們幫助那些游手好閒的人，我們怎能期望會有好的回報？他們反而要求更多的救濟，像無底洞一樣。

有位媽媽在女兒結婚時，送給她一棟裝潢好、設備齊全的房子當嫁妝，並幫女婿開了一家公司。後來因營運不當，公司每年都需要投入更多的資金。這位媽媽不斷地給錢，幾乎家財散盡，當她財富變少、只能住在一個狹小的房間時，她知道她的付出沒有得到回報。她把最好的都給了出去，但換來的卻是虧損和令人難受的言語。女婿要求更多的幫助，但她已經無能為力，於是女兒、女婿不再歡迎她，竟然還請她離開。她錯在她的判斷、她錯的跟那女婿一樣離譜，因為她

是造成他失敗的主要原因。霍利維爾博士建議這位媽媽遠離這對年輕夫婦，讓他們自生自滅，因為他相信生命會自己找到出路的。她聽進了博士的建議，而在一年之內，這對年輕人已經把事業經營得有聲有色。公司第一次賺錢、家庭的生活恢復到正常狀態，而因為他們的努力被導向正確的軌道上，所以大家都比之前過得更幸福，這個年輕人對自己的努力感到自豪，因為憑藉自身的優勢，他也能把事情做好。如果從實務的角度來詮釋這個法則，就是在看到有人在力爭上游時伸出援手，不要把任何東西送給那些不肯幫助自己的人們，因為後者不僅會濫用你贈予的東西，甚至還會在你停止給予的時候責怪你。

造物主總是在能發揮最大效用的地方才提供物資，祂照顧尋求良善的人，而不是那些只會乞討的人。除了那些渴望成長的人之外，上帝不會給其他人啟發。所以，不要把你的資源給那些無法欣賞或自我優化的人，不然就會像給孩子一把上膛的槍，卻期待他能像成年人一般意識到危險，這是很愚蠢的，他早晚會因為缺乏對槍的理解，而對別人或自己造成傷害。如果你的給予沒有把持一定的原則，那麼無論你給的東西有多麼的小，就會像是把珍珠丟掉一樣，等於在浪費自己的資源。

雖然很多人覺得十一奉獻是一種成功的「給予」模式，但他們心裡面卻免不了會有疑問。為什麼十一奉獻的力量會比其他的給予方式更強大呢？它之所以更有力量，是因為你藉由這種絕對、有秩序或

系統化的給予方式，觸及了給予與接收的宇宙法則核心。當你有一個明確的給予計畫時，這將創造出一條美好事物源源不絕之流。當一個人只是零星或偶爾地給予，他所接收到的美好會是不規律的。科學家們分析，十一奉獻能給人一種自給自足的信心，使他有一個能吸引成功的積極心態，也能吸引到美好的事物。從靈性的觀點來看，假設造物主是他們的商業夥伴，而他們所需要付給祂的只有收入的十分之一而已，所以很划算。有一些人帶著錯誤的心態做十一奉獻，因為他們的給予是為了得到某種報償或是要跟神討價還價。要記得，重點不在於你給出去的金錢數字，而在於「給予」這個行為背後的想法，如果你捐錢是為了得到報償，那麼你的心不會自由，你所得到的結果就不會是豐盛之流。不管大家的想法如何，如果人能夠符合十一奉獻的法則，那麼他所得到的結果將會依其心意的比例而有所不同。

如果你的捐獻是為了要得到更多，那麼你的願望通常不會實現，因為那不是真的出自於內心的豐足而給予。行為和思想搭配不上，就無法產生力量，如果捐獻得心不甘、情不願，那留下那些錢來買想要的東西還會比較開心一點。當你覺得自己擁有的很多了，發現有一些人可能有需求，所以你願意捐獻，那麼無形當中會為你帶來更多，因為你會改變內在的想法。雖然一開始是想做十一奉獻，但隨著產生效果，發現能給的越來越多，而且回來的更多，就繼續地給。久而久之，會變成一種持續的習慣，讓你印證宇宙是富足的。

當約翰‧洛克菲勒還是一個貧窮的小男孩時，他總是能夠在生活中運用法則。當他賺到第一筆錢時，他會把每一次的支出和收入紀錄下來，而且他一直都有記帳的習慣。據了解，他捐出去的金額超過五億美元。

在我們給予之後，下一步是要準備接收給予之後所產生的結果。這是最有趣的部分，因為我們的準備動作會呈現我們的信念，與其等待，不如直接開始預備和工作。這會擴大我們的視野、激發我們的興趣，使懷疑和恐懼消散，並增加我們的接收能力。

這法則的關鍵在於：我們會持續不斷地將自己給出去並預期得到的事物吸引到生命之中，不管我們所吸引到的事物是好或壞，都是由同樣的法則所掌管。特別是當一些不愉快的情況出現時，你可能會說：「我就知道會這樣」，你會吸引到這些狀況，是因為你曾經這樣想過，但你也可以依據同樣的法則期待美好的事物出現。許多失敗是因為我們沒有讓「期待」和「渴望」一致。我們常常在渴望一件事的同時，又在心裡渴望另一件事，以致於造成混亂，當頭腦是混亂的，就沒有辦法吸引所需的力量。積極的心態會透過「事情一切順利」的期待，來使所有的懷疑和恐懼煙消雲散，你所運用的法則可以讓一切就緒。你的內在有一股力量，它超越你到目前為止遇過的任何困難，而且將會陪你度過難關。

你可能會問：「我能渴望那些還沒有準備好讓我現在就可以擁有

的東西嗎？」、「我會苛求法則太多嗎？」、「法則是否會把那些不是為我好的事物埋藏起來？」真實的渴望，代表生命有衝動想尋求更充分地展現。「接收法則」指的是「直到『供給』已經準備好要出現時，你才會感覺得到渴望。」除非有實現渴望的可能性，否則沒有人會意識到這份渴望。你的禱告、渴望以及內心的衝動，像磁鐵一樣，當它們越強時，你的力量就會更強，吸引力也會越大。你跟法則要求的不會太多，因為它取之不盡，用之不竭。你只能得到你所能想像、理解的，你只能得到你所付出的。你可能會遇到一些看似不好的事情，但是好事可能會透過它們出現。雖然你曾犯過許多錯誤，但經過修正會讓你更了解法則，在你改正幾次之後，你將永遠不會再犯同樣的錯誤。法則就是用這樣的方式為你效力。

不管你給予的是什麼，法則會為一個心靈自由、自願的給予者效力。只要不是因為出於義務，法則就不會以任何形式的限制來牽絆你。

付出多的人得到的就多，把最好的給予別人，你將會依據給予的程度而得到回報。為什麼很多人得到的東西很少，這是因為他們所付出的就是這麼少，因為他們吝於付出，所以生活還是一直很貧困。無論你所擁有的資源是什麼，豐盛地去給予——你的生命、興趣、能量、想法、能力、愛、欣賞。開心地做好你該做的事，要呈現出你最好的一面。你付出的越多，你收穫的也就越多，但這並不代表你要對

那些自私的人付出，反而是要善用你的能量、能力及天賦來過生活。如果你目前的能力不夠、力量微不足道，現在就開始更深入地發揮使用，有一天一定會提升。

只有一種天賦的人若善用其天賦的話，會比擁有很多天賦卻沒有好好運用的人得到更多的祝福，這就是「接收法則」的祕密。

如果商業世界能認同，提供服務是成功和成長的基礎，難道我們不能接受生活也應該奉行同樣的準則嗎？這不是一個宗教的請求，這是很好的邏輯、普通常識，因為無論我們選擇在哪一個部門運用法則，如果在一個部門行得通，那麼在其他部門也一定能運作。

無論你是渴望健康、成功、幸福、財富或力量，開始朝其邁進。「接收法則」是有效的，因為有法則的參與，所以結果也是肯定的。你可以不用懷疑或恐懼，去期待你所能實現、使用和享受的一切。當人的心變得無私、順服於法則時，因為他對法則、自己以及同伴的態度改變了、採用新的想法來做事，於是他就能展開新的人生。

《祕密》系列譯者之旅

在《失落的致富經典》正式透過《祕密》同一家出版社出版後，我先生買了《祕密》的第二本著作《The Power:力量》英文版，我沒幾天就把它看完了。直覺這一本書的內容和我的生命歷程非常相

似，我覺得當下我的能量狀態能翻譯好這類主題的書。

於是我自己先主動做了幾頁簡報，毛遂自動提供給主編，後來就「接收」到翻譯的機會，也一路翻譯了後來的《魔法》、《活出你內在的英雄》、《祕密天天練》及《最大的祕密》等作品。

很幸運地，多年前馬來西亞單位邀請我們去吉隆坡開設《人生零阻力》的工作坊，也上了國營電台宣傳我「出道」的代表作《力量》。

因為翻譯了這個系列，我有了一定的知名度，後來終於有機會出了人生中的第一本書。

2021年，因為先用個人身份協助公司成立了一個社團，約有一百名成員多年每天帶領線上團練日記，後來也因此再次帶動個人聲量，讓自己十年前出版的書一度幸運地拿到博客來即時榜的第一名，也吸引了幾家出版社、教育單位、跨界廠商的合作邀約。

先生的前員工向他請教了一些行銷上的問題，之前曾經和他一起患難，先生提供了一定的協助，後來他引薦了現在的老闆和先生認識，討論集團旗下事業合作的可能。沒想到老闆主動開口，想趁著國慶連假幫我們一家三口安排兩天一夜的體驗，感受一下旗下各個品牌的住宿、餐飲和按摩……

感謝宇宙在結婚紀念日的連假期間，透過朋友的牽線以及老闆的

贊助，讓我們接收到這份禮物。

剛好我也間接幫先生促成了兩個合作案，就在有一天，我的線上訪談結束後一走到客廳，就看到桌上放著近期一直在蒐集的、「靈魂紫」系列的無線耳機。

那時正處於做了一個關鍵的放手決定後不久，注意力也一直放在要如何提供眼前的對方所需上，因此心的空間多出來能容納、接收其他事物的出現。

接收法則練習

如果能力所及，你能「給予」的是什麼？

先從一個你最想得到改善的領域開始。

2021疫情期間，吸引到教育訓練單位合作每兩個月一次的「向宇宙下訂單」的線上演講，一方面能分享「吸引力法則」相關的觀念給其他族群，一方面也能增加自己的業外收入。

給予（Giving）

為了成功他曾努力試過，
但他的生意仍然慘澹。
他跟一位智者哭訴，
聲音帶著渴望和急迫。

「請告訴我如何成功地生存下來？」
智者回答說，「要得到，你必須先給予。」

他問說，「我有什麼能給的？」
我自己都吃不飽了，
日子總是得過吧；
不過，我想接收人生豐足的店。」
智者回應：「那你就必須給予更多。」
他學到一課：忘掉想要得到，
他帶著重新獲得的愛，轉向人類。

當他在生活中無私奉獻自我時，
他充滿喜悅，
因為在給予中他變得富有。

── 亞瑟・威廉・比爾 ──

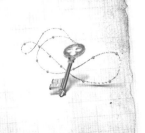

第 **7** 個法則

增長／感謝法則
Law of Increase

> 「一切有生命的被造物都要頌讚造物主（法則）」
>
> ——《詩篇第150章第6節》

相信大家都已經聽過阿拉丁和神燈精靈的故事。我們小時候一直夢想著能擁有美好的事物，但我們的夢想常常就只是夢想，因為我們無能為力。

我們也許不相信神燈精靈，但我們知道有一個跟神燈很類似的法則——它是一份讓我們能夠更清楚地使用該法則的認知，而且它能為我們的快樂和幸福帶來許多像是魔法或奇蹟般的美好事物。這個認知就是：要我們就自己所想要的去讚美、感謝神——宇宙法則，那麼渴望就會以神奇的比例加速實現。

當然，這種方法並不是新的。讚美所唱的歌曲並不會為你帶來禱告的結果，也不會因為讚美，就突然獲得神的青睞。你的努力並不會影響上帝，但卻能影響你，它能使你振作起來，不知不覺中運用法

則，並獲得祝福。如果一個人能學會禱告的簡單方法，光這樣就能刺激和增加他的美好事物。讚美能輔助你的信念。信念是智慧與理解，而讚美，就是那份理解的應用方式。信念是擁有力量的鍋爐，而讚美是讓那股力量變成一股積極驅動力的燃料。要淬取出最好的成分，燃料就是非常重要的一部分，沒有讚美的信仰，不過是一只冰冷的鍋爐而已，無法運作和生產。讚美是心靈的催化劑，能加速禱告的實現，它能磁化、吸引你周圍的美好事物前來。

造物主是歡樂、平靜、幸福和愛的給予者，如果你希望得到平靜和歡樂，但你卻帶著淚水跟神禱告，那麼你只能得到你所表現的，因為這是不變的法則。禱告不應該是哀求、乞求、懇求的可悲狀態，它應該是一種讚美以及快樂的感恩狀態。

讚美是一種禱告的途徑、是一條寬廣的高速公路，而其他所有的形式只是幹線而已。透過這個內在法則，當人們讚美時，就是向宇宙敞開了自我，他把自己的意識提高到一個更高的境界，並成為能接收一直等待他的美好事物之更大渠道。讚美為他打開了一扇小門，使他更靠近神，而且能適應他內在及身邊的那股神聖原力。

讚美是完成任何創造的最短途徑，也是要讓禱告、祈求生效的最快方式。讚美能使心靈向上敞開，而與其對立的行為，也就是詛咒，則會使心靈收縮受限。

所有的創造都是在回應讚美，而且是帶著喜悅的。你可能有注意

過教練在選手每一次猛攻後，會給他們一個滿意的拍打，或一些他們特別喜愛的食物，教練明智地使用法則，引出選手最佳的表現。你也許也注意到，當孩子被讚美時會很開心；那些跟部屬有摩擦的人，也可以藉由這種方法得到很多，而且會發現產出的質和量和之前有很大的差別。

我相信你在某個時刻曾使用過這個法則，當你試圖要把事情做好時，卻有人譴責或批評你的努力嗎？你覺得自己的心糾結了起來嗎？也許你甚至想辭去工作好讓別人愧疚，這些經驗會壓制你的興趣和熱情，而且你不會渴望做得更好，這就是違反法則時一個人會有的反應。當有人稱讚你的努力時，你感覺擴大了、能做得更好了，而且想要努力做得更完美。因為那份喜悅，你的興趣變得更廣大，而且因為你覺得快樂，你把幸福帶到你的工作中、帶給你周圍的所有人。即便是花，也會回應你的讚美，它會因此而活得更久、長得更漂亮。

當我們被稱讚或讚美自己時，我們的體內會有一種物理反應。身體的細胞會對法則做出回應，它們似乎知道這會使人的力量、能力、甚至是智力擴張。當然，我們知道心智會透過每一個細胞去運作，因此導致了這樣的擴張。

所有的想法都是透過一種無形的乙太在運作。當水被加熱後會變成氣體，被冷藏時又結成冰，靈性法則也有類似的現象。雖然我們可能無法察覺，也無法完全理解，但我們的思想一直都在這眼不能見的

乙太物質中移動著，而思想的能量與智慧要不就是不斷提升、要不就是不斷減弱。當我們讚美宇宙法則的豐足與富饒時，我們的思想就會在心靈層次大幅提升，這會影響我們，因為它會反映在我們所面對的事情上。如果因恐懼、批評和抱怨而限縮了想法，我們的外在就會反映出來，於是事情會被延宕或是停擺。

經過證實，一個原本即將失敗的事業可以透過讚美而轉為成功，而不再聯絡的朋友，也能透過讚美法則重拾情誼。

讚美不只對其他人、事、物有益處，它同時也是我們的救贖。讚美會改變我們的觀點、改變我們的人生視野，過去我們習慣尋找自己及別人的弱點和缺點，但現在我們看事情的角度不同，我們尋求成就、美好的事物，和值得我們讚賞的美麗之處。這具有雙重作用：它豐富了我們，並讓我們送出讚美、喜悅、勇氣及幸福給所有受到我們影響的人；它影響我們的內在自我，讓我們在記憶中保留所有值得被讚美的想法。這會建立一個新的思維體系，慢慢的，舊的思想會被摧毀。因此，讓讚美成為一種習慣，會讓我們的生活中會充滿了值得讚美的美好事物。

發自內心的讚美，比只是嘴上功夫的讚美更具生命力與效果，造物主不像一些喜歡膚淺的讚美和掌聲的人們。讚美不是為了神，而是為了自己，它是讓人能與法則和諧一致的媒介，可以提升人的意識狀態，使人更有可能、更容易接受周圍美好的事物，不再感到缺乏。讚

美能提高一個人的振動頻率、加快他的活動並刺激他的信念，使他擁有更高層次的想法。

我們從西方人那裡學到要過感恩節，許多人認為這是要感謝過去一年大豐收的時刻。如果仔細想一下，會發現這與法則的運作剛好相反，感恩節不應該是「回顧」過去的美好，而應該要對未來美好事物的「預覽」。也就是說，一個真正的感恩節應該是表達我們對目前和未來的信心，而不是回顧過去。很多人都希望提前拿到自己的報酬，而且通常在大豐收時我們才會讚美。如果一切順利，我們會停止對擁有的好運氣表示感謝。任何人都會對已經得到的禮物感謝，但如果狀況不好、收穫不多或出現了麻煩和困擾，我們很容易就會忘記讚美，開始抨擊失敗，並怪罪宇宙為何視而不見。

如果一個人在面對逆境時仍能保持感恩，那麼逆境很快就會消失，這並不是承諾，而是宇宙法則。學習給予讚美、對身邊發生的好事感恩，這時「神燈精靈」將會出現，為你實現願望。這種心態不僅能實現願望，也會使我們產生信心、增強我們的信念，讓我們相信好事必定會來到，因此，在事情最黑暗的時候讚美，就一定能撥雲見日。我們對法則相信的程度，是依據我們在得到所渴望事物「之前」的信心來衡量的，而不是在得到「之後」，該信念的程度決定我們接收到的美好事物之多寡。

讚美是一種信仰的行動，而此行動是現在進行式。許多人無法

持續享有美好的事物，是因為他們把這些太視為理所當然，或者在已經享有一些祝福後，就不太在意法則。該法則的第一個先決條件，就是要永遠保持讚美和感恩的態度。如果我們希望收到源源不絕的美好事物，我們必須讓自己能接收得到，而讚美是做到這一點最簡單的方法。感激最細微的小事，那麼你會接收到最美好的事。我們必須讓思想總是保持在正面的狀態，而讚美是能做到這一點的方法之一。如果你有任何負面的想法，開始學習讚美吧。

當我們將想法調整到跟法則一致時，法則會依調整的比例為我們服務。這些都是真實的，任何照著法則做的人都可以得到同樣的結果，當我們不違背法則時，法則也不會違背我們的意願。學會在任何事情上都使用「讚美法則」，你會看到一切都會變得有所不同，讚美是將信心付諸行動。讚美法則將使你從疾病中康復，讓你從無知到提升智慧、從貧窮到富裕，從軟弱到實力雄厚、從恐懼到有勇氣。事實上，「讚美法則」會在所有的事情中、透過各種方法幫助你。

不知道從哪裡開始做起嗎？當你學會如何善用目前現有的東西，不帶蔑視和責備，而是帶著讚美和感謝，那麼你就是在運用法則，而法則就會給你「增長」。讚美生命吧，因為美好的事物無所不在。

想多拿一些小費嗎？

國外有一個女性教育訓練機構在培訓飯店女服務生時問：「妳想不想在很短的時間內收到雙倍的小費？」在美國西餐廳的服務員是靠小費過活。那個老師說：「先算一下到目前為止妳每個禮拜平均的小費是多少。從今天開始，每遇到顧客時，心裡就要傳送讚美。不用說出口，在心裡祝福對方家人健康快樂就好。」結果過了幾天，有一位已經結完帳的顧客回家後打電話給餐廳，指明要給當天服務他的那位服務生更多的小費。

我是全球熱銷突破四百萬冊的《生命的答案水知道》典藏紀念版的推薦人，在我成為《祕密》系列的譯者前，我曾於中山女高和澳門科技大學擔任英文老師一小段時間，在課堂上，我分享過書裡美麗的六角形結晶的照片給學生們欣賞，當年單純只是覺得書裡那些像雪花般的水結晶很美、覺得愛與感謝很重要而已。

時隔多年，中間經歷過《祕密》系列譯作開啟的身心靈學習之旅，重新再看這本寶書，發現當年任教的我還沒完全了解的概念，例如：「量子力學」、「同時性」、「對水的了解越深，越難以否定上帝的存在。」、「來自宇宙彼端的水將愛與感謝封印其中來到地球……透過細胞中的水而使得原始記憶開始甦醒。一切只為傳達愛與感謝。」

從給水聽音樂、看字，到應用在米飯、植物的實驗，說明了一個道理：一句好話的震撼力，會將一切帶往好的方向；置之不理的殺傷

力，比一句壞話更強。

我也和作者一樣，很喜歡在不同語言的「愛與感謝」下如花朵般綻放的水結晶，作者在第三章「意識創造一切」中提到「愛與感謝就是免疫力」：

「愛與感謝二合一的水結晶，比只有『愛』能呈現更為悠遠的氣質，綻放有如鑽石般的光輝。未來需要的是感恩的心，心存『感謝』，充滿在體內的水便會清徹明淨，而我們就將化身為光輝燦爛的水結晶。」

其實《祕密》的續集《力量》談的就是關於「愛」，而《魔法》談的就是「感謝」。這也和啟發《祕密》作者的百年古書、隔一年出版的《失落的致富經典》第七章「感謝」所強調的一致。

作者曾請一位寺廟住持至水庫旁祈禱，他觀察前後的水結晶照片，祈禱後的水結晶周圍閃耀著聖潔的光輝，他也分享他的恩師在日本最大湖泊聚集三百五十人齊聲高誦祈禱文淨化湖水，因為「祈禱就是語言的靈魂」。我才想到，我最早註冊使用的email id就是prayandyes，中譯即「祈禱就會實現／心想事成」，後來我竟也在神奇力量的牽引下，成為了談類似概念《祕密》系列的譯者。

書裡也提到「形態形成場」形成時，傳播便可大大跨越空間和時間的限制，瞬間影響到其他地方，所以作者建議我們試著營造一個充滿愛與感謝的世界。剛好我曾協助經營闡述同樣核心精神的《三分鐘

未來日記》同名臉書社團及《啟動夢想吸引力》三十一天能量磁化行動社團，在觀察、觸及到不少世界各地的華人讀者後，發現也都符合這個現象。

不論我們眼前是否有生活、工作上的困擾、苦惱，都沒有必要再浪費時間沉迷於過往。有意識地選擇滿溢愛與感謝的美好世界，因為我們70%是水，而水從宇宙而來，所以我們每個人都具有改變世界的魔力。

增長／感謝法則練習

霍利維爾博士說：「讚美是心靈的刺激物。」你要如何使用讚美讓自己能吸引周圍的美好事物呢？

例如：我常讚美我的兒子，覺得他好可愛，讓自己主動進入感謝的狀態，好心情的指數提升，工作效率也跟著提升。）

請搭配【能量磁化行動日誌】使用

補償法則
Law of Compensation

　　有句話說：「出來江湖上混，總是要還的。」佛教也說：「欲知前世因，今生受者是；欲知來世果，今生做者是。」

　　「老天爺對我不公平。」生活中你可能時常聽到有人這麼說，而且在說這種話時往往帶著一種很任性的態度，彷彿早已立下志向，非要以最輕鬆簡單的方式過人生不可。「我不該有這樣的遭遇」、「人生實在太不公平了」，這些想法是人們在遭遇挫折或失敗時會有的常見反應。生活中，我們不時會聽到像這樣的抱怨：「為什麼那個人擁有的比我更多？我明明比他優秀啊。」

　　早期的宗教，包括我之前所在的教會也教導人們說，正義可以在來世得到伸張，那些邪惡傲慢的富人或權貴，在生命到達終點時必定會受到懲罰；那些不幸的窮苦平民們只要為所屬的宗教或教會全心奉獻，就能在來生得到豐厚的報償。死後能上天堂的承諾以及其他的種種榮耀，被拿來作為誘因，讓他們心生希望，相信未來能夠獲得些什麼，來補償今生所受之苦的報償。然而，如果你了解宇宙法則，就會明白這種心態是完全不符合真理的。

　　我們遲早都要面對這條「補償法則」，屬於我們的必會來臨，也只有屬於我們的會來到。當我們將這法則套用在人生之中，觀察所產出的成果時，我們是否有感覺到自己對生命付出的心力獲得平等的報償？我們對所得到的事物是否滿意呢？我們付出的心力是否有得到公平的回報呢？我們真的會覺得已得到自己應得的呢？大多數人並不滿意自己得到的，有些人甚至認為人生不值得一活。很多人都說有形世界中滿是不公不義，人生更尤有甚之，當中充滿了不快樂、疾病與貧窮。

　　如果你希望能更富有或更成功，但是卻沒有努力去改變些什麼，又怎麼能期望事情能有所不同呢？如果你目前有被某些習慣掌控的話，那就表示你還不是自己人生的主人，而這狀況會延續到你下定決心要改變習慣為止。如果之前因某些因素，導致你對這世界的認知是充滿了缺乏與限制，那麼在改變對於這世界的信念之前，是絕對無法超脫那些缺乏與限制的。世上有許多人在出生到死去之前，所知的都僅限於他人或環境灌輸給他們的而已。然而，只要你能改變自己的視野與觀點，就能改變所經歷體驗的一切狀況。要停止吸引某個狀況的先決條件，就是要先停下來，不再認定那些狀況是應該的，要停止認定某件事物的唯一方式，就是改變我們對那事物的想法。

 ## 如果你想追求成功，那先看看你的家

有人家裡很整齊、清潔、有條理又明亮，讓人感覺心情愉快；有的人家裡則是陰暗、東西亂七八糟，到處都是灰塵，讓人不會想再去一次。一個人的住處反映了他心智的狀態，他家裡呈現的狀況，正在訴說著他心裡的真實話語。如果你想追求成功，那麼就先從自己的住處開始查看起，如果「秩序」是宇宙的第一法則，那麼這也就更應該是你的第一個作業。

「沒錢」絕對不是家裡可以亂七八糟的藉口，就算你目前窮到只能拿紙箱來充當家具，也一樣可以讓家裡整整齊齊的。如果你希望能住更好的房子、能有更舒適的環境、更優質的家具，首先必須要調整此刻的心態，使其進入能接收到更好的事物的狀態。一些看似小事的東西反而才是真正的重點，而所有的大事都是由小事累積而成的。如果你連目前的住處都照顧不好，那麼再怎麼努力對上天祈禱，想要有個新房子，都是沒有用的。

每當你全力以赴地執行任務時、每當你徹底地完成你的工作並做得很理想時，在過程中，都會把內心最好的部分呼喚出來。用另一個方式來說，就是會變得更有能力、更有效率，也因為越變越好，展現出來的就會更加卓越。「補償法則」是這麼說的：「當一個人變得更好時，就能吸引到更好的事物，同時也會被給予做更大、更重要的事的機會」。

其背後原理是當你成長得比目前所在的位置「更優秀」時，就會

開始吸引來更多、更重要的事物，反過來說，如果你沒有成長得「更優秀」，就無法吸引更好的事物。你接收到的事物，必須是你自己掙得的，否則它們終將無法久留。如果有人不勞而獲，要知道那是無法長久的，因為依據「補償法則」，人終將回歸其真實狀態，就像俗語說的「人必定回歸其真實層次，正如水終將回歸其水平狀態一般。」

「好人自有出頭日。」事實上，你追求成就的唯一障礙，就只有自己配不配得上而已，換句話說，只要一個人超出目前所在的位置，那麼他遲早會獲得提升。如果宇宙間沒有這個原理存在的話，就不會有進展、成長、發展及演化。

如果辦公室中堆了很多報紙、雜誌和包裹，如果老闆的桌上堆了很多郵件，甚至是一週前的信，那就顯露出這公司員工的苟且怠惰。事業呈現的狀況反映了這組織的心靈狀態，而組織呈現的狀況則反映了主事者的心靈狀態。改變主事者的心思意念，如此就能讓整個組織轉變；這就像在部隊中，只要改變將領的想法，就能改變整個部隊的路徑與目標。

因外在環境中遭遇的困難而抱怨他人，是完全錯誤的行為，因為宇宙法則並非如此。真正有問題的人是「你自己」，是因為在你的內在世界某處有個小故障，才會有如此的情境。你該做的是回頭檢視自己，並重新調整你的心思意念，因為創造出你目前經歷的事件的，正是你內在的心思意念。耶穌基督也有將這法則納入其教導中：「荊棘

上豈能摘葡萄呢．蒺藜裡豈能摘無花果呢。」「你們要給人，就必有給你們的。你們不要論斷人，免得你們被論斷。」

「我們會收穫自己栽種的」這一條法則，運作起來如數學般精準，我們經歷體驗的任何一切，都是為了讓我們最終能獲得利益而發生。如果我們吸引到一些讓自己不是很愉快的事物，那通常是因為我們的內在有部分處在沈睡狀態中，或者被忽略掉了，需要被喚醒或者進一步開發。此外，藉由這些經歷和體驗，也能讓我們學習到如何創造出更好的事物。因此，我們在人生的任何領域中能得到多大的滿足，很大一部分是取決於我們是否能以有建設性的方式，來善用人生中的種種經歷及體驗，這是因為不管在什麼狀況下，「吸引力法則」永遠都只會為我們帶來有助於向上發展和提升的事物。如果用比較簡單的方式來說明這個法則，就是不管我們吸引到什麼，都必定是當下最需要的事物，凡是我們需要的事物就都是好的。這才是我們應該採取的正確態度，因為任何經歷都是為了讓我們變得更好才發生的，我們都必須從這個角度去解讀。

在試圖操練這些法則的過程中，或許不是每一次得到的成果都符合自己想要的，不過在這過程中，你將同步建立自己的心智與人格，使其變得更美好、更強大、與宇宙法則更和諧一致。這是因為任何為了實現理想畫面而付出的努力都具有高度建設性，會為你培養出心中不斷描繪的那些特質或狀態。與理想狀況一致，清晰、強大、且正面

的思想也是一種絕佳的預防措施，能避免偏差的心態與負面思想，進一步去避免軟弱、不幸、失調、困窘等偏差的行為或事件狀況。當你不斷努力去看見一切事物的光明面，並藉由其中蘊含的美好來讓自己更進一步成長時，你就是全神貫注於理想的實現上。這時，你就是與宇宙法則攜手，共同達成其根本目標。

用高層次的思想，把所有低層次的思想排擠出去；用良善的思想，把所有邪惡的思想排擠出去；用美好的思想，把所有醜陋的思想排擠出去；用喜悅的思想，把所有困苦的思想排擠出去。這麼一來，就能遏止一切錯誤、不和諧的負面、混亂事件出現。換句話說，就是要學著以正面的方式看待每個人、每件物品、每個事件和每個狀況，從最理想的角度去看它們、評價它們。在你這麼做的同時，你的現狀也會逐漸往更好的方向發展，這是能讓你穩定提升自身福祉並持續成長的方法。在你訓練自己多去看光明面的同時，你也會自動朝更好的方向前進，當你在心中形塑出更高、更宏大的良善意念時，這些元素就會開始展現在你的詞語、行為、人格、天賦、力量、造詣與成就上。也就是說隨著你思想的改善，生命中的一切事物也會跟著改善。

不過，操作這個程序並不是要忽略生命中的錯誤、未填滿的空間以及內在未獲得適當開發的區塊，而是要你能看破、看透這些表象，直接看見隱藏在其中、一直在尋求更高層、完整的展現方式的「善」或「道」。這樣你就不會再做出詛咒或批評這類破壞性的行為，你將

忙於引出自己與他人內在的美與善，發掘並發展存在於彼此身上的龐大機會與可能。

不管我們目前擁有什麼，那都必定是最公正的報酬。也許我們不滿意現狀，但那就是我們當下所應得的。這個事實乍聽之下會令人失望到近乎無助，幸好還有另一個偉大的真理存在，教導我們如何擺脫一切困境、釋放一切束縛並償還一切債務。如果你想要有成功的人生，就必須明智地區隔你內在的心思意念。每當你在談論時局艱難、金錢匱乏或者內外在的各種侷限時，就等於是在種下那樣的種子。如果農夫種下了荊棘種子，你認為他之後會收穫到什麼呢？如果他在事後抱怨怎麼沒有長出小麥，你會有什麼想法呢？你應該會說「這人真是愚蠢！他難道不知道種什麼種子就會長出那種植物嗎？」所以，不管任何事物看起來有多真實，如果你不想讓它出現在你人生中，或者不想讓它繼續出現，那就不要有那樣的思想意念。

千萬別說金錢匱乏不足，這樣會讓金錢離你更遠；千萬別說時局艱難，這樣會讓你的荷包封得更緊，緊到就算是上帝也沒辦法塞錢進去；千萬不要說沒有人愛你，或者說你對其他人的人生毫無興趣，因為有這樣的意念，你最後就真的會失去對他們的興趣與愛。

對那些產出一切有形事物的「靈性供給（Spiritual Supply）」而言，從來就沒有資源耗盡的問題。祂一直都與你同在，祂會依從你下的指令去做。當你無知、盲目地談論著匱乏或損失時，祂不會受到

任何影響，會受到影響的只有你自己而已，而你則是透過你的思想及意念來掌控外在世界。那從不失誤的「源頭」非常願意給予你一切，事實上祂也別無選擇。只要你持續對這原始物質傾訴你的思想和意念，就必定能繁盛興旺。所以，將你心智的能量轉向，集中在豐足、愛、快樂、喜悅、健康之上，如此，它們就會一一出現。

如果想要更好的房子，那就盡你所能地把你現有的房子整理到最好；如果想要新家具、新衣服，那就千萬別嫌棄現在有的東西不好，而是要完全地享受它們；如果你想要某個職位，那就讓你自己先做好能坐穩那個位子的準備，或者盡可能提升、改善你目前負責的業務。要知道，你的人生願望之所以無法實現，並不是這世界的問題，而是因為你自己缺乏對這些法則的體悟，或者沒有確實去實踐而造成的。

不管你目前遭遇什麼問題，「宇宙法則」都有能力解決，然而前提是你得調整自己的心思意念，使其與法則一致，不要有錯誤的期待，以為只要幾分鐘或幾次的實作就能覺悟而擁有完全的豐足意識。如果沒有先打好基礎，建築師是無法蓋出教堂中那美麗的尖塔或圓頂的，他必須先建好能支撐尖塔或圓頂的結構才行。他得建好許多牆面，並且交叉支撐各個牆面，而在建每一面牆時，都是一磚一瓦慢慢地把它建構起來。你必須要了解，在順法則而行的過程中，必須按部就班地去做，這當中的每一步都會讓你距離你的目標越來越近。

「補償法則」的運作或許緩慢，但卻極為確實，人無法藉由佔用

他人創造事物的方式來進行創造，你只能以自己創造的事物為基礎，進行後續的創造。所謂的商業競爭，就是兩個或更多人之間的爭鬥或紛爭，基於對所欲事物不足的恐懼，導致他們彼此爭鬥，盡己所能地奪得更多。所以，別擔心你的鄰居擁有的比你更多，也不要跟任何人或任何事物競爭。

「補償compensation」才是商業的靈魂

有人說競爭是商業的靈魂，但是，我並不認為以對抗、爭吵、議論、爭鬥或者就彼此的事業訊息互相欺騙來競爭，是一種正確的靈魂。我知道事實並非如此，別再說競爭是商業的靈魂，現在起讓我們說「補償compensation」才是商業的靈魂。

所謂的「補償」指的是因給予而獲得的對等回報，是提供品質或服務給他人之後所得的回饋。我很肯定如果你在經營你的人生時（也就是你的事業）能依循補償法則而非競爭，就會發現跟別人比較你的品質與服務，事實上是一件令人感到喜悅的事，因為只要你的服務越好，得到的獎賞就會越多，也會吸引來更多生意。只要你開始依循這個法則，就會發現這其實是一條可適用於所有人的人生及任何事業上的金科玉律。不論市場上有多少所謂的競爭者存在，你都能篤定自己必定成功。

如果你目前尚未獲得成功或缺乏什麼好東西，那就更仔細地觀察導因何在。真正的成因不在外在，而是在你內在世界的某處。多觀察自己是在哪些地方未能正確運用宇宙法則，或者在意識層次的心思意念不正確之處。以下是三個人們在日常生活中，常會落入陷阱的項目。

★ 第一：你期待不勞而獲嗎？

當你沒有付出任何代價就獲得些什麼時，你會感覺很好、很喜悅嗎？若是如此，那麼你就違反了宇宙法則，你將永遠都無法獲得滿意的回報。不管你想要去哪裡，都要甘願地付出應該付出的代價。你有注意到有些人去夜店要離開時總是走在最後嗎？他們站在後面，等著別人付錢請客，這樣的人在幫自己省點小錢的同時，損失了更多的金錢。他們內在心思、意念的品質，把許多他們原本可以吸引到的金錢都趕走了。如果你在有自覺的狀態下騙走別人的一塊錢，那麼你將需要付出好幾塊錢來償還這個錯誤。

★ 第二：你會到處去找便宜貨買嗎？

你是個便宜貨獵人嗎？貧乏的思想意念只能帶來貧乏的結果而已。如果你總是在等大降價，那你將永遠都只能買便宜貨而已，不過要記得，人生可不會讓你討價還價，就算你真的在金錢上佔到便宜，也會在其他領域還回去。你讓自己處在一種會讓現狀走下坡的振動狀

態裡，這狀態將你壓迫在較低的層次，使你的思想、意念侷限在一種一心想著賣方一定不誠實，他們應該要打折、降價，甚至做跳樓大拍賣的狀態，你會認為因為對方做生意是為了賺錢，所以他一定會在價格或其他部分有說謊、欺瞞或耍一些手段。而在這時，你也違反了宇宙法則的規定。

有人問說當買物件、投資時，有的仲介會故意把價格壓低或抬高，賺取中間的價差，難道不算是欺騙嗎？其實當他所提供的價值大於價格時就是好的交易，若原本價值一千五百萬，賣一千萬，就是好的交易。但如果存心破壞一般行情的話，就算一時賺得不少錢，也會在其他地方失去。因此，房地產買賣時如果能三方都受益的話會更理想。

★ 第三：你吝於花錢嗎？你痛恨付帳單嗎？

在付出金錢時，就算那是你僅剩的最後一塊錢，也要很喜悅地把它付出去。先確定你需要什麼，然後只要那東西能產生的價值比你身上的金錢來得高，那就開心喜悅地花下這筆錢。這時，你就有依照法則而行。當我們處境比較艱困時，往往會緊縮自己的荷包，節制自己的花費，但這就像是把水龍頭關起來一樣，也會使得水無法源源不絕地流向你。

「宇宙律」在這個行動的原則上表露無遺，這是一條無從違逆的「神聖律法（Divine Law）」，如果一個人誤用了關於和諧、健康或

供給的宇宙法則時，那麼「補償法則」就會顯化。

我們都有權自行選擇要依照怎樣的方式經營自己的人生，「宇宙律」是無所限制的，也因祂的這一特性展現在有形世界中，所以萬事萬物對我們而言都是有可能的。每一次我們選擇一個好的心思意念時，就是做了一次優質的投資。

你的人生現狀如何？是充滿健康、快樂與豐足，還是疾病、苦厄與缺乏？不管是哪一種，那都是你應得的，都是專屬於你的，與他人無關。是你自己決定要投資在哪裡，而你每天都會享受到所得的獲利，或者蒙受損失。如果你對自己目前的投資績效不滿意，那麼比較明智的做法，就是去檢視一下自己過去投資了些什麼，只有屬於你的東西，才能來到你身上，而只要是你應得的，就一定會顯化在你生命之中。責任在自己身上，是好是壞都沒有人能為你分擔，你該得的一切終究會來到。

> 「我不再對時間或命運咆嘯，因為凡應屬於我者終將來到。」
>
> ——約翰・巴勒斯（1837-1921）
> 美國博物學家、散文家、環保運動中的重要人物

請用以上這三個問題來判斷你是否是一個值得擁有更多金錢的

人。

另外在丹・甘迺迪的《NoB.S.Time Management for Entrepreneurs》書裡有一個計算方式：

首先是要列出你的年收入目標：＿＿＿＿＿＿元（A）

再來是列出你理想的年工作時數（e.g.220天×8小時=1760小時）：＿＿＿＿＿小時（B）

理論上，把（A）除以（B）就是——如果你想要獲得那樣的收入的話，每小時至少要創造的價值數字；一般那些時間管理課程也確實都是這樣教。

不過，丹・甘迺迪提醒說那是很天真的算法，因為幾乎沒有人有辦法做到每個工作小時都是完完全全有生產力的。（但如果你能做到的話，恭禧你。）事實上，我們會有很多時間浪費在閒聊上、在較無效率的會議裡，有時候人也會閃神。所以，上班一天八小時，真正有生產力的時間只有三分之一，甚至更少。

因此，務實一點來算的話，（A）除以（B）之後的數字至少要再乘以3，才是你每小時至少要創造的價值數字。所以，如果你的目標是月入10萬，年收入120萬，工作時數是6小時/天，也就是約1,600小時，而你的工作時數中只有1/3的時間真的有產值，所以每小時要創造出來的價值應該是1,200,000÷1600×3=2,250。

　　如果你希望自己未來、而且盡快能達到自己理想的收入數字，那就得從現在開始善用自己的時間。有了這個數字，你就會知道至少在自己工作時，該如何運用自己的時間。你也許突然想到要打一通電話，這時剛才算出來的數字就可以讓你想一想，這通電話能產生的價值有高到要讓你中斷原來在進行的工作或計畫嗎？

　　你正要做的事，能產生的價值有超過你要達到理想的收入數字所需創造的產值嗎？ 如果沒有，那就不要把你寶貴的、有限的工作時間拿去做那些事，那些事都可以等到休息時間或者工作結束之後再做，因為那些事沒那麼急。

　　總之，根據「補償法則」，你想收穫什麼，就得先栽種什麼。而我們最重要的、可以拿來「栽種」的資源之一就是「時間」，它同時也是唯一一種一旦消耗掉，就無法補充回來的資源。在時間的運用上，你要不就是強化自己的專注力，提高總工作時數中有產值的時間數量，要不就得在那少數有生產力的工作時數中強化自己，產生更高的產值。

　　只要你這樣做，宇宙早晚會給你個交待，讓你獲得你理想的收入數字；而如果沒有或不願這樣做，那麼根據「補償法則」，你永遠都無法獲得理想的收入數字。

房子的金錢能量

我先生剛接觸吸引力法則時搬到位於社子的工作室，那是老房子，磨石子的地板、沒有什麼家具，他那時正在翻譯《失落的世紀致富經典》，並在網路上自己販賣。一開始賣得不好，所以好幾疊就成了認養的貓——胖寶和米基的床。一開始真的有點失落，因為從嘉義搬上來台北之後，弟弟走偏，所以家人在新北市五股那一帶搬了三次家，一開始是住中央廚房員工宿舍，後來是瓦斯行樓上的木板隔間，後來稍微好一點，住在公寓裡，但因為都不是在很開心的情況下搬家的，所以我現在就算努力回想也想不起來我住的房間長什麼樣。後來又搬到現在的娘家，是買下來的法拍屋、社區大樓，媽媽和我都覺得終於不用租別人的房子了，但為了要拉攏常把家當旅館的弟弟，所以唯一的一間套房就留給他住。另一間房間因前屋主打通作為商辦用，所以就只加了一個軟式拉簾將我睡的上下舖和爸媽的床隔開，所以我一直沒有屬於自己的空間。

我先生那時又找到另一套二十四週的函授課程，賺了另外的一桶金，並陸續幫工作室添加家具、地板也舖上木質地板，接著加上燈光，終於看起來比較像樣了。

磨石子地　　　　好幾疊賣不出去的書　　舖木質地板

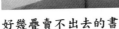

　　我直到去澳門工作，和一對也是來自台灣的夫妻合租一層後，我才擁有自己的一間房、一個空間。

　　第二年，因當時同住台灣學姐夫妻臨時決定回台灣工作，所以我只好跟另一位同事合租一個更大的一層空間，那裡單獨的書房，而且我的房間還是套房。真正開始有屬於自己的地方後，我就滿心歡喜地用藍色系列的裝飾品來佈置我的房間，每天教書回家時，房間的氛圍會讓我有家的感覺。

　　第一年暑假，我幸運獲得公費帶學生去華盛頓州西雅圖附近的 **Green River** 大學遊學三個月的機會，這是一個漁港起家的城市，而我也被安排住在寄宿家庭中。因為寄宿家庭爸媽的兒子是在遊輪上吹薩克斯風，女兒則是嫁到另一個城市去，所以有空的房間給我住。那是郊區的房子，開車走高速公路進西雅圖約三十五分鐘的距離。房子不是高樓大廈，而是很大坪數的一層房子。

澳門的套房

美國的寄宿家庭

　　我在嘉義布袋時住的是兩層樓的透天厝，國三搬上來台北後，房子就轉賣給其他人了。在澳門教書的第一年暑假回台時，有一次在Costco看到了下圖中的歐式餅乾盒，覺得很漂亮就買了下來。沒想到，在我教完兩年的書回台不久後，我買下的房子，竟然跟盒子上的建築物很像，都是連棟的歐式建築──我買的餅干盒來自挪威，而我們的房子是荷蘭式風格，這也是吸引力法則的明證。

嘉義布袋透天厝

歐式餅乾盒

淡水建案

補償法則練習

霍利維爾博士說：「家是你主導心靈的反射。」換句話說：「秩序是天堂的第一法則。」接下來的一個月，盡量維持你住家和工作地方的「整齊」。例如：

在___月___日之前，我將會整理我的_____以及丟掉、處理那些我再也用不到的東西。你的努力有得到公平的回報嗎？解釋為什麼有或沒有？你滿意於你所接收到的美好嗎？

第*9*個法則

無阻抗法則
Law of Non-Resistance

　　據說台北101大樓在2004年的地震中能安然無恙，與位於第92層樓的風阻尼器有關。101大樓利用八百噸「抗風制震」的超大重球——風阻尼器，藉由球體本身調整移動的方向和振幅，不但在地震中減低了101大樓的搖晃程度，即使遇到颱風，也可以發揮同樣的功效。同樣的，當你碰到阻力出現時，記得不要去抵抗它，專注在你想要前進的方向上。

> 「但是我告訴你們，不可向欺負你們的人報復。」
>
> ——《馬太福音5章39節》

　　以抗拒作為獲取平靜與和諧的手段，是一種謬誤的觀念，不和諧中無法產生真正的和諧，失調也無法帶來平靜。抗拒之所以無效，是因為沒有依循和諧與秩序的原則，而和諧與秩序卻是宇宙的基本法則。

　　這似乎違背了人的自然反應，因為當遇到阻礙時，通常我們會本

能地使用各種手段來對抗。然而事實上，當生活中遇到更重要的事情時，我們應該運用「無阻抗法則」，不去做直接對抗。

在商業世界中了解消費心理學，是為了讓生意更好。請試著想一想，為什麼購物時，商店要讓大門保持敞開？當然不是要讓新鮮空氣進來，而是要讓繁榮進來。你有沒有比較過把大門打開和關起來的商店，來客數有何不同？你有沒有想過為什麼一些賣廉價商品的商店、或大型的文具店喜歡位在地下室，而不是二樓？這是因為人走樓梯下去會比爬樓梯還容易。雖然買完後還是得要爬樓梯上來，但人們會出現的第一個想法是引導他們走下去。這種消費心理許多大型企業都會使用。他們經常學習吸引客戶的策略。他們研究「無阻抗法則」以及可以運用在消費大眾身上的簡單方法。

一位售貨員會去研究賣出商品的方法。他會接近顧客，並仔細地介紹自己的產品；他會跟其他同類產品做比較、讚美自家產品，並突顯所有的好處，盡量避免讓顧客有任何異議。透過這種方式，他建立了積極的銷售談話，並引導他的顧客正面地接受。他會讓顧客說很多次「是的」，並在顧客意識到這是銷售手法前，已經簽好了支票或是合約。整個推銷是建立在「無阻抗法則」之上，成功的企業都會使用，百貨公司更是如此。現在我們可以在一個商店裡或用手機購買我們所需的物資，也是符合這個法則。

企業內不會只有一個業務人員，因為就某種形式上來說每個人都

是推銷員。不管我們是否有意識到這一點，我們正在不斷地推銷自己給朋友以尋求認同，我們正在不斷努力展現最好的自我，希望朋友能看到。我們不自覺地也使用了「無阻抗法則」。

我們透過工作獲得成功，且帶來日益增加的物質與財富，但我們仍會習慣談論且害怕艱難的時刻。我們也許會談論鄰居，或批評某人為了要出人頭地而不擇手段；我們可能會擔心公司的營運狀況，而且當我們看到圖表曲線往下走時，會憂慮我們和股東們的投資和心血。當我們擔心這些事情時，是非常不智的。

有個學生寫信給霍利維爾博士說：「我發現自己內在有很多限制，針對這部分我正在努力中。」霍利維爾博士的回答是：「別再想去清除那些限制，只要下功夫在創造富足就好了。」宇宙法則並沒有要我們去清除或對抗我們不想要的事物，不過卻要求我們在想要的事物上多下功夫，我們不把時間、想法和精力放在那些不想要的事物上，那會形成與法則對抗的阻力，阻擋美好的事物前來。那麼，我們要如何創造豐足？方法是不去抗拒，並且要去認同一切關於豐足的事物，並盡一切努力讓豐足更容易進入生命之中。

水非常強大，但它是一個「無阻抗」的完美元素。水可以磨掉硬石的稜角，山洪爆發時它橫掃一切，橋樑、建築物、樹木，沒有任何東西可以承受它的力量。然而，請想想看這麼大的河流是如何形成的？它始於高山上彎曲的小溪流，小水流能帶走灌木叢、腐爛的葉子

等。小水流有因為障礙而停止，或等它有足夠的力道，才推開水流中的障礙嗎？沒有，小溪流對巨石或樹不感興趣，它忙著前進到一條更大的河流中，接著流入浩瀚的海洋。它不浪費任何時間在障礙上，而是悄悄地繞過周圍的干擾，並且繼續往前。它趕著匯入河流，並成為浩瀚海洋的一部分。小溪流繞過很多彎，但每一次轉彎都能讓它更接近目標。

有些人沒有聰明地使用法則所教導的方法，當遇到障礙時，他們不是停下來積蓄力量，反而是與其對抗、將之移除。產生的阻力會導致摩擦，且一發不可收拾。基於這個原因，許多人的生活是辛苦的，浪費了很多能量，各行各業都有人累垮，像是過時要被淘汰的機器。請記得，讓機器超出負荷的不是運轉，而是「摩擦」，也就是反對和阻力。

如果我們每天都在反抗、鬥爭、抗拒和爭辯，那就註定要再遭遇更多障礙，而且由於大多數時候都耗在與障礙及抗爭之中，所以我們也會看不見自己真正的目標。如果我們力求障礙變小，並專心在我們想得到的目標或渴望上，就算中間會迂迴而行，但如果足夠堅持，我們終將獲勝並達成目標。

關於「水流」，我們可以學習到的另一課是：當它還細小時，是最艱難的時刻。河床中有許多的障礙，所以水流必須一直繞路以避免直接對抗，它默默地運用「無阻抗法則」，同時增加它的力道和強

度，當成為一條更大的水流、一條河時，它的路徑更直接，而且障礙會越來越少，不遠處就是浩瀚的海洋。當學習者力量單薄、理解不夠時，會遇到最難的考驗。當他們正在尋找真理的新路徑時，將會出現許多的障礙和測試，智慧者不會與障礙抗爭，而會在祝福障礙之後繼續前行。因為他們帶著信心向前進，於是成長茁壯，像一條偉大的河流一樣。他們的人生軌道變得更直接，他們的理解更深入，而浩瀚的海洋——他們的最終目標，就在不遠處。

將充滿愛的思想放大，擴張至一切人、事、物之上，就能排除原本看似存在的反對與敵意，而這首先要在你的意識中進行。一旦能將意識中那些帶敵意的思想清除，就不會再吸引同樣的狀況。要善待那些恨你的人，因為在做出善行的過程中，你的層次將提升到比憎恨的思想更高的境界，如此一來，「恨」就無法再對你的人生造成影響。要為虧待你的人們祝福、祈禱。為什麼要這麼做？因為祝福會喚起你內在最高的善，而你內在最高的善只會吸引他人內在最高的善，它會影響其他人，使他們放下仇恨、怨恨、報復等。

如果有人在抗拒某個狀況，這個狀況會一直跟著他；如果他試圖躲開它，它會如影隨行，而他將會再次面對同樣的狀況。但如果他不認為事情很難，而且勇敢地去面對，在某一個時間點會發現那個困難已經解決或消失不見了。把那個狀況當作是某些美好事物的證明，尋找事件當中的美好，並相信會有更多的美好事物出現。

　　「認同你的競爭對手」——值得追求且能持久的事沒有一件是透過不斷的爭論而獲得的，不認同另一個人，只會讓他武裝起來對抗你。認同你那值得尊敬的對手，讓他沒有防備，而且沒有武裝的必要。展現「無阻抗」容易使人跟你友好，本來把你當作競爭對手的人會發現能成為你的朋友是一種喜悅和榮幸。

　　聖經上說「溫柔的人有福了」，指的是一個能夠遵循「無阻抗法則」來承受一切事物的人。溫順並不代表要成為別人的腳踏墊，因為當你使用法則時，可以召喚一個更偉大的力量，讓我們成為自己的主人。這並不表示要為了得到自己的利益而變得無情。當我們的權利是正當的時候，它們會捍衛自己，不需要任何人為它們奮戰。「吸引力法則」指的是我們會吸引我們所期望的事物，所以如果有人相信自己是一個腳踏墊、弱者；如果他認為會遭受到攻擊，而必須採取激烈手段來保護自己，那麼他也會自食其果。生命的法則是依據人對它的理解和應用而回應。

　　溫順並不代表我們要屈服於不和諧和失序的情況，因為我們只會對法則溫順，這樣的溫柔給了我們精神的力量。不要把溫柔和軟弱搞混了，法則會消除軟弱，它本來就該如此。軟弱會創造出軟弱，而這將會產生惡性循環，即使本性溫順，聰明人在生活中還是必須堅強和積極。這樣的力量不是用體力和肌肉來衡量，而是用心靈和精神來衡量。不夠堅強或缺乏靈性的人沒辦法做到真正的溫順。

　　溫順就是當你不爭論、不生氣、自負和驕傲、不用爭吵的方式來堅持擁有你的權利時所產生的力量。溫順的人本性堅強且很有毅力，溫順是你拒絕爭辯反而贏得勝利時所使用的內在力量。當意見分歧，而你的看法是正確的時候，真正的勝利在於不管別人怎麼說，對就是對。

　　我們所認知的「溫順精神」是指合群、準確、完美和諧等。在大自然中可以看到最簡單的例證。我們越是溫順地使用法則，我們所得到的越豐富。我們精心挑選最好的種子，在適當的時候種在最適當的地點和最肥沃的土壤上，我們細心地澆灌和栽培使其生長，以確保豐收。為什麼要如此細心、如此無阻抗地順從大自然的法則呢？是因為我們是弱者、太渴望工作，所以傻到付出無微不至的照顧嗎？只有不順服「無阻抗法則」的人才是愚蠢的。明智的人會用溫柔、無阻抗來符合法則，不管順服的程度如何，他會因此而受益。而當人把溫順的精神應用至日常生活的原則上時，他將得到等比例的祝福。

　　當你感到困惑時，記住那條決心要流抵浩瀚海洋的小溪。要有那樣的決心去達到和實現所有正等待著你的美好事物。為什麼在繁榮興盛的水流中要對抗障礙而拖慢美好事物的到來呢？讓我們走「無阻抗」的路徑，也就是「順流」的路，每一個擔心的想法、每一個恐懼、懷疑、抱怨、爭論和生氣的想法，只不過是那些在你的水流中大大小小的石頭而已。這些會改變你的航道，且會拖延你達成目標的時

間。為了得到美好的事物，運用那些也在找尋你的美好事物來累積你的力量。透過祝福每一個障礙，並去了解其代表的意義來消除它。不要再把障礙當成絆腳石，它是能引導你至最高善的墊腳石。

代夫出征之危機處理篇

有一年先生公司舉辦的活動會後還跟幾位朋友聊到十點多，隔天一早他要飛往馬來西亞，到了隔天早上五點多時，他起床準備前往機場，我也跟著起床，看著他開車出門後再返回夢鄉。

約7：30左右，電話響起，想說應該是要說已經到機場或要登機了，沒想到電話那一頭傳來的竟是：「挫賽！」（台語）。我整個人驚醒，他說因為護照有效期不到六個月，海關說無法飛往馬來西亞，就算台灣這邊勉強讓他通關，到了那邊還是可能會原機遣返。眼看8：20要登機，8：50要起飛，我趕緊從床上跳下來去工作室打開電腦，找電話聯絡馬來西亞的合作單位並通知旅行社。

★ 挑戰一：緊急通知馬來西亞——媽呀！Skype打通了聽不到聲音？室話、手機不會撥？

我在email中找到馬來西亞單位的手機，想說隔天要上的廣播是國營電台，說不定能用官方的方式讓我先生入境。用Skype打第一位沒接，想到官網上還有另一位的手機，這次通了，但我完全聽不到對

方的聲音，於是打給我先生說對方的手機號碼。不過平時我們不會用手機跟馬來西亞聯絡，一下不知道如何用室話、手機撥打，Google了半天、試了也一直無效，眼看時間快到八點了，終於我先生打通了，但這次換對方沒有馬上接到，於是他教我用手機再撥打一次。在我打通前，對方終於回撥給我先生了，說明狀況後，他們去問了移民署，一樣無解。於是提出方案二，我先生問廣播的部分看能不能越洋連線，至於晚上的講座看現場是否能視訊，但是對方說不妥，希望還是能現場訪問。但闖關是有風險的，於是對方提出方案三，就是看能否換一位護照期有效的講師當天飛往馬來西亞。由於那時我從沒講過先生本來要演講的《順流致富法則》主題，所以一開始也沒直接說那就我去，還是盡可能在8：20前努力看看有沒有可能讓我先生出得了關，於是我又同步聯絡了旅行社。

★ 挑戰二：聯絡旅行社——我假日沒上班耶？！叫對方活動延期好了？！

由於我把旅行社的資料放在辦公室，只好趕緊找往來的email，還好有一封是他們老闆的手機，打過去說明他們的小姐沒有提醒有效期，需要緊急聯絡她，老闆給了一組號碼，打通時，那位小姐也被我驚醒了。我一開始說怎麼沒有提醒我們需要六個月有效期呢？對方說每一個國家的有限期不一樣。有這種狀況，就更需要提醒旅客，我們之前兩度前往馬來西亞都沒事，誰知道第三次竟然會無法出境，而且

我們前一星期才剛用護照坐麗星遊輪到公海，旅行社也有問有效期限，但當時還是能夠出境的。

不過事情發生了還是得繼續往下處理，我繼續詢問還有沒有其他的可能性，她說可以跟櫃台簽署一份「責任自理書」，台灣這邊可以同意放行，但在馬來西亞有一半的機會會被遣返，如果真的被遣返，航空公司、旅行社就沒有責任，機票也無法辦理退票。而如果要辦理新護照的話，需要等到星期一，所以小姐說那就只能請對方把活動延期了。但隔天的活動是不能延後的，一方面是會失信於國營電台，另一方面則是晚上的新書導讀講座是早就預訂好的。

到了8：20我和先生兩邊同步處理得到的結論都是說可以闖關，但有風險。我先生不傾向這個方案，而且已到了8：20的登機時間，來不及了，所以只能朝向對方提出的新方案走，就是「換將」！有兩個可能的人選，一個是另一位講師，一個是我。但能決定的時間有限，而且重點是要有航班！我又再度打給旅行社加訂新機票，對方一開始說：「可是今天是星期日我沒有上班哦」、「訂票系統在公司」。我回說：「應該有職務代理人吧？而且如果今天沒有飛，明天的活動就都不能進行了。」於是她終於答應幫我訂訂看，只好先給她我的英文名字去訂票。結果第一個是壞消息，華航下午的直飛班機都已客滿，也後補不到機位，只好繼續問轉機的可能性。雖然飛行時間會增加，但只要能當天抵達馬來西亞，轉機也都沒關係了。後來，終

於等到了一個好消息，國泰的航班可以從香港過境到馬來西亞，下午一點半起飛——也就是只能由我代打了。

從慌亂到鎮定下來，回過神後意識到可能要打包行李，然後跟旅行社溝通，整個過程好像在洗三溫暖，中間一度還有想過眼前發生的一切是真實的嗎？九點多左右確認接下來就是由我「代夫出征」了，本來想說打包完行李就坐車去機場好了，沒想到旅行社說要等出票確認才能出門。我打給我先生時他已經在開車回來的路上了，說是要回來載我去機場，本來要約在劍潭捷運站，這樣折返機場比較快，但是等出票就等到快十點，他只好開回家裡載我，趕在12：50登機。就這樣，從知道要換將到趕到機場只有三小時！原來的機票辦理退費給馬來西亞，加訂的機票我們先代為支付，等退費後再補給我們。我就這樣隨手抓了一些衣物放進我的豹紋登機箱。

在機場裡，我先生把筆電及投影片交接給我，並現場教戰。而我在前往香港及馬來西亞的飛機上，狂看《順流致富法則》，這應該是從書上市後最認真看的一次！

隔天一大早起身準備化妝時，才發現沒帶齊，不過簡單化，還是可以見人。

在國營電台有連續三場廣播－兩場預錄，一場直播。主題分別是《老闆不可不知道的企業成長八階段》、《了解自己的天賦累積人生第一桶金》，和分享書本身，本來第三場不確定是否會有，因為電台

本來說要譯者本人，但我只是審譯。最後他們還是決定要訪問，不過我又遇到了難題——主持人因為有聽到前面那場，希望我第三場分享的可以有所不同，因為兩集播出的時間很接近，加上這一場的族群是青少年，怕聽眾朋友會認為主題重覆。剛聽到時我的腦中又一片空白。在知道我也是《祕密》系列《The Power力量》及《The Magic魔法》的譯者後，就請我分享這兩本書。雖然這不在預期之內，但因為這是我熟悉的內容，所以可以即興分享。

　　講完三場後就到了中午時間，主辦人載我回去稍作休息，途中有檳城的朋友打電話給主辦人說我直播的分享相當不錯，問何時有工作坊。此行我們並沒有規畫工作坊，只有為期三天的採訪及導讀會，但我心裡著實鬆了一口氣。此外，錄廣播時，主播有幫我們分享晚上的講座訊息，並留下另一位工作人員的手機，回到暫住的地方後，那位

工作人員說詢問的電話進來不少，我又再次鬆了一口氣，因為我的分享有帶動一些反應。本來直播前報名講座的大約四十人左右，看到星洲日報副刊上的訊息來報名的也有一些，但聽完廣播live後報名的朋友陸續增加到一百多人。這是我從離開教學近三年後，第一次對一百多人講話，而且講的還是一個我沒有正式講過的主題。

還好臺灣師範體系出來的一項專業是只要有教案就可以重現，由於已經觀摩、實習過我先生、同仁講過同一主題約半年的時間，我其實也知道大部分該怎麼講了，更何況有投影片，丟到台上去，自動會開啟展現模式。

所幸現場的氣氛帶動得還不錯，後來才知道原來現場有博士，還有學校心理老師的培訓師，幸好我事先不知情，才可以放膽講。

這對我來說等於是跨了一大步。在台灣，已經有兩位講師在講同一個主題，所以我本來比較偏向公司品牌經營及營運，比較少當講師，而這次，老天透過這些不在我預期內的安排，直接把我丟到馬來西亞第一線去，真的很妙。

在登機前我先生詭異地打開他的筆記本說：「這一切都是有答案的。」原來他的夢想版上就有「如果沒有他，事情也能繼續運作」這一項。而且他其實本來就不是非常想出國。他的終極目標是透過系統化帶來現金流、在家當個宅男，所以眼前的這一切其實是老天實現了他的願望。

他之前也常說我之後還是要站第一線，所以這次臨時換將等於是照著他的策略走，只是我有點措手不及。一開始我虧他說是他的潛意識在抗拒出國，所以創造出這個實相，我們在馬來西亞的合作單位卻說看似是實現我先生的願望，但從另一個角度來看，也是宇宙在實現我潛在的願望。

我雙魚座的個性中有一部分很理性，另一部分卻很感性，會留意一些「啟示性」的東西：回台灣前，在吉隆坡的機場裡喝咖啡的地方，旁邊有個大櫥窗，裡面擺滿了《The Power力量》和《The Magic魔法》樣書。心裡想：「有這麼神！」昨天才即興分享這兩本書的重點，今天就看到一櫥窗的書。像是接收到另一種確認：確認此行其實不是意外與巧合，而是無形中早就安排好的。不然我怎麼可能在這麼短的時間內順利出國、越級代打。中間只要少了某一個環節，我都有可能完成不了任務。

　　剛開始好像阻力重重，到後來順應情勢後反而發展得很順利，符合了「無阻抗法則」。

　　到了講座現場，主持人介紹我出場後，當我講出第一句話時，我的心就定了下來。接下來說也奇妙，好像就自動到位、自然high了。跟之前曾接下親友婚禮主持人的時候一樣，雖然沒有經驗值，但只要本質在、只要確立架構，很快就可以上手。這一場時間掌控的ok、書多賣了一箱，現場也不時傳來笑聲回應，最後還有不少人找我簽書。我和先生的講法自然有所不同，也還有很大的進步空間，但已經跨出我的舒適圈了。

　　完成任務回國後，在我先生接機回程的路上，我開玩笑地說結論就是：「下次請主辦方記得訂活動日期不要選星期一，因為如果有問題，上班日還可以趕快處理。」他虧說有人這樣下結論的嗎？「不是

應該確保目的地的護照有效期限嗎？」

　　我不是喜歡最後一刻才做事的人，但我另一個超能力（希望不要常用到的）就是像這樣的「危機處理」。這和我的急性子也有關係，我喜歡追求速度，因為在「啟動成功奇象」中，「速度」本來就是7大驅力之一。而且我更喜歡「打破速限」，這次就是打破速限的一個挑戰實例。回頭看那三天，還是覺得不可思議，現在再看也逐漸轉為踏實。像是飛機的駕駛員除了希望飛機安全降落外，更希望降落時聲響可以降到最低，平順、漂亮著地一樣。

　　就在飛機落地台灣的那一刻，走出出境大廳，我像是看到另一個全新的我一樣。

無阻抗法則練習

　　你要如何「移除和化解」障礙，以使障礙成為通往其他人的最高善之墊腳石？

　　問題：你和同事有心結，要如何化解？

　　例如：試過透過公正的第三方在場大家攤開來說，讓這份阻礙可以跨越。

第 *10* 個法則

寬恕法則
Law of Forgiveness

　　人生中有一些重要的事情需要倚仗偉大的人格特質，我們目前的恐懼是，人的能力不足以應付一天的需求，缺乏偉大的人格特質在任何時候看來都是一種冒險。

　　一個人如果能夠做到寬恕，那麼這個人永遠都比被寬恕的對象更偉大，寬恕的本質就是信、望、愛。

　　當一個人身心靈生病時，我們會請醫生來治療或減輕病人的痛苦，但我們知道這只是短暫的，因為直到科學和信仰結合時，真正的治療才會發生。很多人還是相信疾病都是因為器官失調等物理原因所引起的，卻不肯相信心靈也有失衡的可能性。

　　如果我們能寬恕過錯，這個過錯會被健康的思想所吸收，就像黑夜被黎明所取代一樣。當健康的想法填滿心靈時，身體也會產生同樣的情況，因此當我們轉向更廣闊的研究領域，以及透過心理和靈性過程來治療，其實並沒有帶給我們任何新的發現，只不過是趕上所有的聖賢、大師，以及我們這個時代優秀的科學家們所發現的事實而已。

　　科學家接受了「人的身體能被其心靈所影響」這個事實，並相

信不管人的想法是主觀還是客觀、是有意識還是無意識，身體所有的
運作都是由其主導心態所掌控，那些研究心理科學的人發現，身體所
產生的各種情況都是由心靈創造出來或引起的。任何型態的創造物，
都有法則在掌管著，這是眾所皆知的事實，而當有人誤用、逆轉、或
違反某個法則時，這樣的錯誤就被稱為「罪過」。「罪過」是一種錯
誤、一種誤解、一種判斷上的誤差，不管是物理上或是靈性上的法
則，只要是沒有符合或違反了法則，就會產生錯誤，而修正是唯一的
調整方法。懺悔與寬恕是唯一能調整並修正這種錯誤的方式，能將人
們從這種錯誤而導致的痛苦與劫難中解放出來，也是唯一能讓人與宇
宙法則協調一致的方式。

　　寬恕罪愆，指的是我們必須原諒、丟棄並忘掉導致該罪愆的人、
思想或際遇，這意味著要放棄或對你不應該做的事放手。寬恕是讓人
能與法則和諧共存的第一個要求，任何從心理和物理層面來研究這個
法則的人都會知道，如果只研究錯誤的結果來學習法則的話，就會徒
勞無功；如果願意深入探討導致錯誤發生的原因，能得到答案。分析
一些案例，找尋那些造成疾病的隱藏原因，然後，除非這個隱藏的想
法是從潛意識或記憶中連根拔除，不然即便表面上可能採取了一些抑
制傷痛的補救措施，這種情況還是會繼續出現。就像花園裡的雜草一
樣，因為沒有連根拔除，所以雖然你每次看到它們長出來時就修剪，
但那只是短時間看不到而已，它們還是會再長回來。

　　一位著名的醫生在一群接受治療的人面前談論「思想是病痛的起源」這個主題，總結：異常的腫瘤和癌症是由於長期壓抑的悲痛和焦慮。」另一種說法則是認為，這種疾病是因為我們的腦海中壓抑了很多罪惡的想法。如果這種狀態這麼有殺傷力的話，明智的我們應該要探討自我，並注意我們的情緒是如何影響身體的部位，然後尋求一切的方式來克服，並放棄每一場會產生衰弱和干擾的情緒拉鋸戰。另一個權威的精神科醫生也說，「精神錯亂大部分是出自於一種罪惡感。」有一些縈繞已久和壓抑的想法需要得到寬恕。通常一個有心理疾病的人會害怕釋放或原諒這些想法。這是很合理的，因為如果他們能夠釋放和原諒那些恐懼的想法的話，他們的心靈早就康復了。

　　有位教授在華盛頓的心理實驗室裡測試情緒對於身體的影響，發現了一些有趣的結果：他發現負面情緒大約有四十種，而正面的情緒超過四十種。在所有的負面情緒中，受試者對於罪惡感的反應是最糟的。這是從身體排汗的化學分析中所推論的結果。採集每個情緒反應後的微量汗水進行測試，負面的情緒呈現強烈的酸性結果。如果把一些酸性物質放在皮膚上，你就會知道會發生什麼結果——酸性物質會灼傷你的皮膚，接著你會感到痛苦，而你的皮肉組織也會被破壞。同樣的，當破壞性的想法縈繞你的腦海中時，就會使身體產生毒性、讓組織衰退，最後傷害身體。

　　一位男士已經看過無數個醫生了，但病情還是沒有起色，甚至有

自殺的傾向，後來遇到的這位名醫後來發現其實是他心理的問題所造成的。原來好幾年前他和哥哥合夥做生意，但他挪用了原本屬於哥哥的錢，而他哥哥完全不知情。後來他們拆夥後，他其實很想把錢還回去，但知道一旦還回去，哥哥就會知道原來是他盜用公款，這麼一來兄弟也不用當了。聽完後，醫生建議他去向哥哥坦承這一切，這樣才能解除心裡的壓力，但是他考慮了三天後才決定跟他哥哥坦白。反正頂多當不成兄弟而已，也不會比現在更糟。沒想到他哥哥聽完後，竟然擁抱他，為他終於放下心裡的石頭感到高興，後來他的病就好了。這對那些不明白的人來說簡直是個奇蹟，但其實不是，這是法則運作的結果。他深植的悲傷已經從記憶中移除，他的心是自由的，而且能思考健康、幸福和快樂的想法，這使得他很快就痊癒了。

我們越研究「寬恕」這個主題，我們對其執行的簡單性和準確性越感到驚奇。我們要原諒、丟掉那些不是資產、別人並不喜悅的個性，也要修補我們犯錯的地方，因為雜草不會自己拔除。它們會不斷成長，而我們罪惡的想法也是如此，因此在我們記憶的花園中，負面的想法必須被丟棄，這麼一來，只有健康和幸福的信念能成長。

就像一個酗酒的人不僅自己過得悲慘而已，也會導致家人的不快樂。當他渴望克服這個壞習慣時，他能得到朋友和親人的協助以克制想喝酒的渴望，過程中他不斷戰勝渴望又失敗，他的家人不斷地原諒他，並鼓勵他持續努力。最後，他不再酗酒，且能夠放棄想喝酒的渴

望。同樣的，當人能放棄消極的渴望以及促使他採取消極行動的想法時，法則才會寬恕他，並使他從破壞性的後果當中提升。當引發罪惡的想法得到修正時，過錯就已得到原諒。

當人有一個錯誤的、具破壞性或邪惡的想法，而且時時刻刻想著它時，最後會使它成為一個事實。當他希望克服罪惡感時，他不會浪費時間與事實拉鋸，而是糾正、拋棄、忘記、原諒那個導致錯誤發生的想法，因為這是花園中必須連根拔除的雜草。

當我們原諒那些踐踏我們的人，我們的過錯也會得到原諒，這個法則已經存在了很久，只不過我們好像把它當成新的學問一樣，稱它為「現代心理學」。「寬恕法則」認為，某些想法必須去除掉，讓其他的新想法來取代，例如，如果你心裡一直想著有人讓你受委屈了，或有人待你不公正，你就無法免除掉類似的情況。人們經常抱怨別人無法真正地了解、或對自己的付出覺得感動，如果你無法得到期待中的體諒，那麼先尋找那些你沒有注意到的潛在想法——你是否充滿了怨恨的想法，所以可能會抗拒某些人或情況嗎？你有被某個人輕視的感覺嗎？當我們符合法則的要求時，我們就能為自己創造有利的情境。

有人問：「我們是否應該取消債務人的債務呢？」嗯，債務人也許會認為你慷慨，但他們還是會付錢跟其他人買東西。換句話說，他們很高興你免除了他們的債務，但他們不會還你錢。結論是，只要我們相信債務的必要性和真實性，這些債務將持續下去，我們會陷入

債務中，而且會持續遇到類似的頭痛事物，如果沒有放下對債務人的想法，自己也會陷入債務中。如果我們寄帳單給欠我們錢的人，這會緩解我們的負擔嗎？不會，帳單並不會從我們的腦袋中清除負面的想法。因此我們必須先從腦海中刪除有人欠我們的想法，這會把我們帶入一種豐盛的氛圍中，使我們對那些虧欠我們的人播下富足的想法。透過這種方式，債務人會發現他們的心智有更肥沃的土壤能產出豐盛的想法，當他們掌握到「豐盛的想法會自由流動」的精神時，他們將會很樂意付清債務，所有該屬於我們的，會在對的時間點上開心地來到我們面前。

換句話說，當我們從所有關於債務的想法中解放出來，並嘗試了解更多的豐盛存在時，我們應該很快就會強大到足以為我們的債務人實現豐盛的夢想。當他們從限制和缺乏的思想中振作起來時，他們將會吸引到更多的物質財富，使他們能夠支付帳單。也只有透過這種方式，債務才可以被永久抵消。透過運用「寬恕法則」，相關的雙方當事人將從一個債務意識提升到繁榮意識，就會興盛和成長。

每個人在某個時間點都會走過「寬恕」這條路，我們必須學會活出這個法則，只有當我們原諒別人時，我們才能得到原諒。我們必須先付出努力，那麼我們的自身意願一定會為我們打開一條路。除非我們能夠將這法則延伸應用至我們身旁的人事物，否則我們無法要求法則為我們多做些什麼，除非我們透過活出這個法則來證明它的存在，否則我們不能期望培養出生命所需要的偉大人格。

真理應該能融入到日常生活中。看看每家公司幾乎普遍存在的競爭，當我們看到嫉妒使人分裂，當我們觀察並感受到彼此互別苗頭、當家庭中出現紛爭和不合時，我們發現到，一個簡單但重要的「寬恕法則」其實能深入到你我的生活中。這些是我們日常的挑戰，是生活中關於「寬恕」的學習經驗。

真是他X的，我原諒你！對不起，請原諒我！我原諒我自己！

每個人大概都有過原諒或是被原諒的經驗。不知道對你來說最刻骨銘心的經驗是什麼？有的人可能是感情，有的人可能是親情，有的可能是對一個不認識的人所做的事？有的可能是商場上的背叛等？或是朋友間的誤解？有的人認為原諒別人，這樣不是太便宜他了嗎？所以一記就記了好幾年，也許那個人根本忘了，那麼這麼做到底有什麼好處？

我待在教會的期間從《聖經》中學到關於「寬恕」（19：11）

「人有見識，就不輕易發怒。寬恕人的過失，便是自己的榮耀。」

～箴言（19：11）

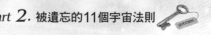

　　我是凡人，雖然教會的教導沒有錯，但因為那時遇到問題時，我沒有適當的宣洩管道，所以選擇壓抑。等到最後一根稻草壓垮我時，就直接跟過去切斷。其實這對彼此來說都是一種傷害。最後我選擇離開台灣、逃避相關的人事物，卻沒有學會真正的寬恕。

　　接觸《祕密》吸引力法則後，也明白為什麼原諒別人其實就是放自己一馬的原理，知道寬恕的背後有股強大的力量。明白當我們被那強大而良善的力量所包圍時，寬恕就會成為再自然不過的結果。

　　但我仍然是凡人，生活中仍有各種挑戰。這十多年來翻譯了相關的心靈成長書有得到啟發，只不過以前有較好的朋友會開玩笑叫我大姊大、幫主、血滴子，好像都不是那種很容易原諒別人的稱號。但是認識我的人知道我的心有時很軟，要等到踩到我的底線後，才會把心門關上。

　　尤其在工作職場上暴衝時，我也會有點混亂，到底是為了爭個對而理直氣壯，還是要退一步換位思考、海闊天空？到底為什麼對方會這麼做？回歸到身心靈，我也明白，這一切會發生是因為自己內在狀態的映照，所以問題最終還是在自己身上。因此要選擇原諒的不是別人，而是自己：「我（神性）原諒我自己。」

　　過去我也曾傷過人、也被背叛過。被我傷過的人，我也希望能得到原諒，因為感情的事真的不能勉強。但對造成我傷害的人，我也沒辦法第一時間原諒。但至少，當有人說寧可被我打以表達他們的歉意

時，我沒有暴衝到真的這麼做。

比較令人暴走的是，有些越界的人本身也有學習身心靈，回了像：「親愛的，外面沒有別人，只有自己。」、「你的指導靈是耶穌。」、「放下那些標籤」、「空性」，我更火了，就算我的指導靈真的是耶穌，為什麼是從對方的嘴巴講出來？為什麼一句「不好意思，造成你的不便」也說不出來。時間一久，也釋懷了，尤其當看到鏡中的自己因為內心的大震盪而失去之前的光彩、看到關心我的人希望我振作起來，突然驚覺這一切好不值得。這時「寬恕法則」才終於起了作用，對於當事人也釋懷了，雖然不至於日後成為好朋友，但是從今以後那再也影響不了我了。

而妙的是，老天為了要確認我到底是不是真的學會寬恕，每過一段時間就會透過讓一些事情發生、讓跟這個課題有關的一些相關人再次出現。當再次面對時，我短暫的抽離、看自己當下的反應，我知道事情已經過去了。

這個法則對我來說，要做到百分百的確有困難，但是它起了穩定心錨的效果，因為每一個人在當下已經做出他所能做的最好的決定了。

如果你曾傷過別人，這個法則對你來說很重要。有機會的話，可以讓對方知道你的心意，也許你沒有機會跟對方當面說抱歉，那也沒有關係，透過了解這個法則後，在心裡祝福對方能走出情緒漩渦。

如果你是被傷的那個人，這個法則對你來說更重要，因為你能多快放下、原諒這一切，你就多快能走出情緒低谷，並過你接下來的人生。

　　要求去愛自己的敵人太強人所難，那麼去想想所有愛你的人，然後把浪費在辯論誰對誰錯的時間放在能讓你的心房打開的事情上，多愛自己吧。

　　如果覺得愛自己太自私，一樣去想想所有愛你的人，他們值得你多花一些時間去陪伴和了解。

　　當那股力量強到讓你能釋懷、為了更大的目標往前進，那表示你已學會寬恕。

寬恕法則練習

　　就你的觀點而言，原諒為何有助於靈性和個人成長？

　　罪惡感是最有殺傷力的負面情緒。你有原諒自己和別人的經驗嗎？。

原諒

昨日那輕微的錯誤，
為什麼要破壞今天的生活呢？
他說過的話、你做過的事，
早已成為過去；
因為昨日只不過是一個考驗；
今天你一定會成功，
而從昨天的錯誤中
會出現一些高貴的行為。

原諒自己的輕率，
不要譴責過去；
因為它帶著錯誤消失了；
它們記憶不會持續；
忘記失敗和錯誤，
從這樣的經驗中振作，
為什麼你要低著頭，
打開心之眼振作起來！

選錄

第11個法則

犧牲/交換法則
Law of Sacrifice

　　每個人都應該有一個崇拜的人物或英雄。如果一個人一無所有，或者連渴望都沒有，就不要太信任他。一個沒有理想的人，不會去渴望比自己更偉大的事，一段時間後會對其他人造成損害。

　　你看到的所有精彩表演是如何產生的？我們可能認為那是他們的天賦，但這些出神入化的演出並不是偶然，而是透過紀律。紀律是有意識被選擇的，而且被殷切渴望，並被耐心地堅守著。

　　我們在生活中享受每一個領域辛苦研究的成果，且遠超過前人所能想像。在科學、藝術、體育等各項領域中，我們知道紀律的價值，然而，我們還是會放任自己縱情享樂、拋棄束縛。我們會耐心地訓練寵物，但是當談到最有價值的自己時，我們卻讓想法像脫韁的野馬一樣。一個人要能學會掌管他的精神力量、控制自己的思想，才能發揮他的企圖心。當人的思想能持守紀律，並與心靈和諧一致、實現夢想，那才能稱得上是真正的信仰。除非運用法則行事，否則沒有人能得到生命的智慧和理解。

　　首先，請注意一個簡單的事實——要得到某一件東西，總得犧牲

其他的一些東西。人生中的一切都有個價格，而且都在銷售中：我們得要願意付出它要求的代價，才能得到想要的事物。我們每天走向人生的結帳櫃檯，然後說：「如果你給我那個的話，我就給你這個。」這個交易過程有另外一個大家更熟悉的名稱，我們稱之為「犧牲」。這不是傳教士們所指的那種犧牲，這是一個任何人都無法跳脫的必要過程、是一個每個人都必須奉行的絕對法則。不管我們想不想要、知不知道，我們每天都在做出犧牲；不管我們想要什麼，都必須要願意放棄一些什麼，才能得到它。

我們現在比過去更自由，我們要求更開放的方式，而且堅稱不需要這麼地沒有彈性。但是沒有人能經由鬆散的紀律在任何領域中找到生命的精彩，所有人最終還是得走過那條稱之為「紀律」的狹窄之路。

人生是這樣嗎？是的，成功的人生所能得到的自由生活，是已經過著那樣的生活的人才能了解的，他們是透過有紀律的方式才能享受到這樣的生活。

我們常被教導說，如果想要過好的生活，我們必須「犧牲」許多的樂趣，結果適得其反。而當我們講到「犧牲法則」時，我們會聯想到那些為了良善而放棄許多事物、甚至是生命的人。但是，這裡的犧牲指的是「交換」：

一位男士家庭幸福美滿，有個賢慧的妻子和一對可愛的子女。

妻子大部分的時間都在照顧、陪伴小孩，所以他總是獨自參加社交活動。他認識了另一名女子，認為自己愛上她。那他的家庭怎麼辦？他只能選擇一項，而且除了法則外，沒有任何人能替他決定。你不能同時希望擁有一個幸福美滿的家庭，卻又想要享齊人之福。如果不能為了幸福的家庭犧牲或放棄婚外情的話，你將被迫犧牲你所愛的家人；如果壞脾氣不改，你就無法享受友誼的喜悅。一個品格優秀的人，朋友會尊重、信任，不會去請他從事不正派的勾當。一個不金盆洗手的人，也無法贏得別人的信任。

你永遠無法愚弄宇宙法則——要得到某個東西，就必定要先付出某個東西。所有上流的生活、成功和幸福就像是一門藝術一樣，你必須選擇精神之美。它要能被創造和被渴望，然後透過有紀律的方式來得到它。因為智慧的開端，就是要先渴望紀律。

有人說如果你想享受生活的樂趣，代表你想要的自由是不可能的，但會這麼說的人，其實並沒有找到真正的自由。自由不是過著散漫的生活，自由是能夠控制你的生活，並使它成為你想要的樣子。

不管你想要成為運動家、名師、專業律師還是知名歌手，想要得到這樣的成功，首先必須要對「能有紀律地運用時間和思想」這件事產生渴望。散漫的生活是瘋狂的，我們必須讓自己活在有崇高理想、為人群服務、有效率的生活中，並遵從教練或心靈導師的教導。

工作和理想生活

我是《原子習慣》的行銷企畫，也是2022年初帶動一股手寫日記風潮《3分鐘未來日記》的行銷企畫，初期協助成立同名社團，在五個多月內社團破萬人後移交版主。

《原子習慣》的重點在於：「每天都進步1%，一年後，你會進步三十七倍。」那時在帶領社團成員線上團練日記時，我也是用「四十九天養成每天手寫三分鐘未來日記的原子習慣」，共計帶領了兩個循環，也就是將近一百多天，於是在不到半年的時間內啟動了一股手寫的奇象，甚至在便利商店也會看到專賣手寫的文具區。

在工作上是如此，而且理想生活上也是，我很喜歡旅行，但我之前的旅行蠻常是因為工作伴隨發生。

在澳門工作的第一年暑假，老天突然給我一個機會，能公費帶學生去美國三個月，也因此有機會拜訪華盛頓西雅圖、加拿大、加州迪士尼等地方，瘋狂的拍照、寫文章，那是我人生中最享受的一段美好時光。

在澳門工作穩定，薪水也不低，但是台灣人的特殊身份，讓我在那個環境中還是少了那麼一點歸屬感，所以決定回台面對接下來不確定的人生。

就像《祕密》影片裡說的，只要能看清車前方兩百公尺的道路，

一樣可以從美國東岸開到西岸。這說起來容易，但是不容易做到。

習慣忙碌的我，無法忍受自己閒著沒事做。那時的我一度找不到方向，雖然爸媽不是很贊成我去澳門工作的，卻也說：「還不如繼續待在澳門工作就好。」

欲哭無淚，因為之前爸爸也是因擔心在洗腎的媽媽，還曾語帶威脅說，如果你在澳門的期間，媽媽有什麼狀況怎麼辦？

後來回來了，卻又遇到短暫的小迷惘。我知道我是受到一些女性故事的啟發而選擇出走原來的工作。但是下一站在哪裡？中間有兩個月找不到工作，爸媽又擔心地說，這樣房貸付得起嗎？

還好我們那時學習的靈性法則在山窮水盡時幫了忙，翻譯的書的版稅陸續支付了我們的頭期款，只是短時間內沒辦法去旅遊。但旅遊一直還是我的願望。

有一次鄰居牧師娘請傳道師幫我禱告時，說看到幾個異象：其中一個是我會有一本自己的書，結果當年我真的拿到書的合約了；另一個就是看到我會有機會坐飛機出國旅遊工作。

當年成立公司後，就有了一些所謂的「犧牲／交換」，其中最大的就是蜜月旅行。不知道有幾對新人是結完婚隔天就開始上班、而不是去渡蜜月的，但我們就是。當年是為了等大活動辦完後才出國，前往馬來西亞三次都是因為開課，其中一趟還緊接著去了峇里島。這

是為了和當年代理的【財富原動力】的作者羅傑‧漢彌頓談合作和上課。也是為了擴大市場版圖，所以陸續去過英國、中國和日本。之後因先生協助的另一個事業體而得到前往匈牙利的機會、斜槓的另一個行銷工作也讓我有機會拜訪俄羅斯。

要讓兼顧工作的同時還能做自己想做的事，中間就有要適度的交換、或是有紀律的運用時間和思想，才能達到理想的目標。

犧牲／交換法則練習

你比較喜歡哪一個論點？

1.「某件事一定要為另一件事付出代價。」

2.「自由是能夠掌控你的人生，而且使它成為你想要的樣子。」

打不倒的勇者

夜幕低垂將我籠罩，兩極猶如漆黑地窖，
我感謝未知的上帝，賦予我不敗的心靈。

即使環境險惡危急，我不會退縮或哭嚎。
立於時機的脅迫下，血流滿面我不屈服。

超越這般悲憤交集，恐怖陰靈獨步逼近，
歲月威脅揮之不去，我終究會無所畏懼。

縱然通道多麼險狹，儘管嚴懲綿延不盡。
我是我命運的主人；我是我心靈的統帥。

—— 威廉‧亨利 ——

啟動成功奇象與
心靈療癒的起始點

　　如果你之前的生活模式不能實現你的夢想，那就找一個新的「模式」吧！經營事業不只一種方式，提供你/妳的服務、或行銷產品也是。善用你的天賦、能力和知識，並與那些對事業有偉大想法、觀點更廣、更有創意的人多連結吧；和那些已經達到你渴望的那種成功、速度及生活方式的人多多相處吧，因為這樣能幫助你啟動成功奇象成為「全新的你」。在你開始準備要啟動成功奇象之前，請先問自己以下這些問題，來自我檢視一下：

1.你滿意現在的收入和生活方式嗎？

　　看看你現在住的房子，不要設限，不要認為你的想法很瘋狂。坐下來好好地列出想要過的生活、應該要有多少收入，完成之後，跟你現在的收入比較一下，你可能會嚇一跳。不管你是自己開公司、做生意，還是用網路做行銷獲得被動收入，開始去做總比什麼都不做來得好，即使中間可能要承擔一些風險。

2.你周遭的環境如何？

你真的喜歡你住的地方以及生活的方式嗎？選擇一個你喜歡、想住的新地方。重新整頓你住的地方，讓它保持整齊，或者是乾脆直接搬到一個新的地方。有些人還處於一直換工作的階段，可能會想說重新整頓一下住的地方就好了。有些人到了某個時間點會想：「到底我適合住的、買得起的是什麼樣的房子呢？」於是他們開始會去想像住在那種房子裡面的感覺。十多前我發現獨棟透天房是我們可以負擔得起的，於是在做完決定的四十五天左右，我們就住在美麗的房子裡了。每個人喜歡住的地方不同，也許是都市、也許是山上，也許是靠海。不管怎樣，你喜歡的到底是什麼？開始製作你的夢想清單吧！

3.你的事業和人際關係：

五個朋友能決定你的財富水平，雖然我們都有很多的朋友，但是要開始找出對你人生最有影響力的五位朋友，然後學習他們是如何成功的。或者至少你可以常和他們見面。當我開始自己的事業時，我參加了很多的研討會，有的是政府免費提供的，有的進修也要花一點錢、看不少書，但是我相信這些能改變我的生命和收入，而到目前為止，之前投入的時間、金錢、人脈對事業的發展有一定的影響力。

看看你目前的感情狀況，也許不錯、也許正在想著結束一段已經

不再適合的感情，只要做點功課，你會發現適合你的人也許就在你身邊。也別忘了家庭和小孩，和他們相處的品質是很重要的。

4.你的身材、個人風格和魅力：

不管幾歲，都要維持好體態，盡可能讓自己變得美好，並且感覺美好。

看看你的衣櫥，只要留下那些會讓你看起來很棒的衣服和鞋子即可，其他的可以捐出去了，現在就去清出你三分之一的衣服吧，清出的空間可以去買些能讓你成為全新的人的衣服。就算你不確定是否有錢能買下填滿這三分之一空間的衣服，還是試著做做看吧，當你為你想要的東西清出空間時，你會發現更容易吸引到這些東西。買些雜誌，剪下一些想要的圖片，和時代的潮流同步一下。買些質料好、可以穿好幾年的衣服。如果是要買跟得上潮流的衣服，可以做些研究、到一些比較便宜的服飾店買。甚至，你也可以請一個形象顧問，幫你選擇適合的造型。

5.你的健康：

要吃得健康、多運動，因為它也是成功人生的一部分。可以訂訓

練計畫，找同伴或是教練一起做訓練，因為如果身體不健康的話，你就無法活出重新打造的人生。

 6.你的嗜好和娛樂：

現在開始列出一些你想從事的全新娛樂活動，也許你會覺得很難回答。想想你以前喜歡做的事，例如跳舞、看電影、賞花、旅遊……等，就是能讓你感到快樂的事，或是能讓你充電的娛樂活動。

 7.看看你想成為什麼樣的人：

我們太過強調自己做過什麼樣的事，或是我們擁有什麼東西，而不是我們能成為什麼樣的人。所以想想看，全新的你想成為什麼樣的人，列出你想要擁有的特質：自信、自律、 耐心、安全感、鼓舞人心、多元的、資源豐富的、貼心的、勇敢、專注、有決心的、忠誠的、可愛的。這些能成為你的習慣，建議你選出其中三項，並專注在這三項上，每天早晚練習這三項，那麼你將成為全新的你。所以請記得，快樂來自於你的內在，你無法在內在不平衡時享有美好的外在事物，所以兩者都需要。從現在開始要對自己感覺美好。做個決定吧，你會發現要吸引到你的目標會比以前更容易！

在探索研究各種法則時，我們也學習如何運用這些法則，消除一切對自己沒有好處的想法。能讓人活出成功人生的法則，跟科學的法則其實都一樣，其提供的可能性對任何人來說都相同，而且早已在每個人手上。所以我們的真正問題在於，能否改變自己運使宇宙法則的方式，來產出比現狀更理想的成果。

本書的目標，是要讓你知道如何能運用7大驅力和11個宇宙法則，讓你能從現狀中跳脫出來，啟動像正義聯盟裡閃電俠的神速力，進到你真正屬於的境界，讓你享受成功與豐足的境界，這才是你應得的成果，因為這才是宇宙法則的自然狀態。成功或豐足並不需要被刻意造就出來，因為它一直都在。然而，「你」卻必須改變，如此一來你所經歷的事件狀態也會跟著改變。那麼要從何改變起呢？要知道一切活動的根基、一切行為的掌控，都是源自於自己的思想。愛默生說：「思想是每個人內在的那把鑰匙。」只有藉由你內在的那把鑰匙──正確地運用你的思想，你才能掙脫一切束縛重得自由。獲得成功人生的關鍵，就在於正確地運用你的思想。如果你有建設性的想法，那麼就算想繼續待在牢籠中也是不可能的；如果你對目前現狀並不滿意且悶悶不樂，那麼你的內在就會產生動力，要你去追求更好的東西。

「夢想要夠大，才不會在生命的旅程中忘了它。」

——電影《給未來的我》

　　這本書到這裡要畫下句點了，但對你而言，書裡提到的資訊只是起點而已，只要你確實運用書裡提到的驅力和法則，相信「成功奇象」也會很快發生在你生命之中。

　　現在放下書，開始踏上啟動你的成功奇象之旅！

感 謝

感謝《啟動夢想吸引力》在出版了十年後有機會拿到博客來即時榜第一名，也因曾在兼任行銷企畫的時期協助出版社打造《3分鐘未來日記》同名社團，讓社團在五個多月內從零人增至萬人以上，使海內外的華人可以透過線上團練日記，將《啟動夢想吸引力》和原有的【31天能量磁化行動共時卡】及後來延伸的【能量磁化行動日誌】結合，在Pantone彩通公司公佈2022年度色為「長春花藍紫」——也是脈輪中「頂輪」的顏色以及「靈魂」的代表色後，除了「能量黃」萬人社團外，又另成立了一個專屬的「靈魂紫」社團，帶領大家團練31天宇宙法則，也因此再次和出版討論在十年後以全新包裝面世。

一度覺得自己有點自找麻煩，為了挑戰自我，在同一年間陸續完成一本譯書《給總是太努力的你》、兩個作品，同時還斜槓行動企畫、講師的工作。忙到第三季最後一個月時確診，不過那時候居隔在家，才因此讓重新編修的進度有多一些進展。

感謝宇宙靈性的指導、感謝我先生許耀仁鼓勵我用粉專成立自己的【啟動夢想吸引力——能量磁化行動】靈魂紫社團，和協助設計【能量磁化行動日誌】的初版雛型。也謝謝當初幫我設計第一代【能

量磁化行動卡】的好友、文化大學教育推廣部的林佳蓁小姐，她也鼓勵我經營自己的社團，並謝謝社團種子成員的鼓勵和共同澆灌。

感謝爸媽、弟弟的支持，感謝兒子該總裁自己也很努力，也感謝我們家兩隻貓禪師米基和咪咪。

感謝所有寫出充滿智慧話語的作者們，讓我在這十多年陸續接下《祕密》系列書籍、《失落的致富經典》等翻譯，透過這些文字在生命經驗中驗證更成長。

感謝出版社總編、主編，讓這個新產品有不同於以往的呈現方式，也感謝智慧型立体學習出版集團王晴天董事長的支持，也感謝將我的新版送到需要此作品的讀者手上的采舍團隊。感謝丹‧甘迺迪（Dan Kennedy）直效行銷大師以及雷蒙德‧霍利維爾博士（Raymond Holliwel）貢獻他們的成功學知識以及靈性法則。

感謝一路上遇過的「個人情緒教練們」使我蛻變，感謝生命中的所有貴人，在堅信商業法則和靈性法則可以並進的這條路上，因為有這些前輩的及時協助，我總是能在大浪中穩住方向，也感謝所有推薦人和讀者推薦此書，讓商業和靈性兩個領域可以結合。

最後，感謝在這個時間點上翻起這本書的你。

Ps. 為了感謝看完書的你，歡迎至我的官網wang-lili.com免費下載
　　【能量磁化行動卡】及我的Youtube頻道
　　免費觀看我和學姊百變小茉莉Molly Hsu專門錄製的11個宇宙法則
　　影音檔。

▶ 導讀影音檔

▶「能量磁化行動卡」
　免費下載

31天養成每天搭配日誌和卡、聽影音檔、至社團分享的「原子習慣」，一個月後可以先體驗到一次小奇象。

啟動成功奇象社團連結

https：//bit.ly/phenomenon_purplesoul

更多學習資源，歡迎追蹤以下連結

https：//portaly.cc/shilawang

祕密全球實證

從現在開始學習「吸引力法則」，翻轉人生！

渡過生命轉折危機的最佳方案！

靈性馬拉松，37段影片助你倍數進步！

重新找回人生的方向：學習「吸引力法則」

《祕密全球實證》整合了《祕密》作者朗達·拜恩精選的七大主題和73個真實、啟發人心的故事。

這些故事來自過去10多年來受到《祕密》影響的普通人，涵蓋了金錢、財富、事業、工作、健康、關係等方面的成功案例。

這套影音課程能幫助你擺脫現在的困境，因為它教導了如何運用「吸引力法則」等宇宙法則來改變人生，使你自動吸引到貴人、金錢與機會。

這套課程中的故事都是真人親身經歷，可以讓你在不同的生活階段找到適合自己的方法和策略，並且將這些方法應用在自己的生活中，從而幫助你擺脫困境，實現美好人生。

七大主題

- 故事分為七大主題，涵蓋金錢/財富、事業/工作、健康、關係、人生等方面，滿足不同階段需求。

線上影音課程

- 以影音方式呈現，共37段，總時長約37小時，方便學習者隨時隨地觀看。

《祕密》系列譯者呈現

- 將英文原版內容精確翻譯成中文，充分發揮專業英文背景優勢。

一次投資，長期受益！

掃QR Code看詳情：

https://bit.ly/2023phenomenon

《覺醒致富方程式》
為你解鎖更高層次的吸引力法則！

你是否曾在事業和財富上達到自己渴望的高度，卻在嘗試和探索中遇到困境和挫折？

MODULE 1 - 夢想：向宇宙下訂單
MODULE 2 - 英雄：活出你內在的英雄
MODULE 3 - 追尋：試煉與奇蹟
MODULE 4 - 勝利：你自身即已足夠

 四大單元

共24堂課程

整合我從2008年譯作《失落的致富經典》上市、後續翻譯《祕密》系列譯作，到成為身心靈講師...至今2023年這15年來實際轉化、諮商和教學的經驗。

結合宇宙自然法則、新時代，推出 24堂影音課程＋3堂以上的練習與自己對話！

透過FB學員專屬私密社團、公開社團互動、文字回覆QA＋不定期影音，與大家分享如何在曾以為一無所有時、能在6個月內翻轉自己的人生？

你本就值得擁有美好的人生

如果你此刻看到這頁面有所共鳴，像是在回應你內在的呼喚，那麼就跟著我一起踏上覺醒致富的英雄旅程吧！

立即報名線上影音課程

https://bit.ly/awakenrich

史上最強 寫書&出版實務班

全國最強**4**階培訓班，
見證人人出書的奇蹟。

素人崛起，從出書開始！
讓您借書揚名，建立個人品牌，
晉升專業人士，
帶來源源不絕的財富。

由出版界傳奇締造者、超級暢銷書作家王晴天及多位知名出版社社長聯合主持，親自傳授您寫書、出書、打造暢銷書佈局人生的不敗秘辛！教您如何企劃一本書、如何撰寫一本書、如何出版一本書、如何行銷一本書。

- 理論知識
- 實戰教學
- 個別指導諮詢
- 保證出書

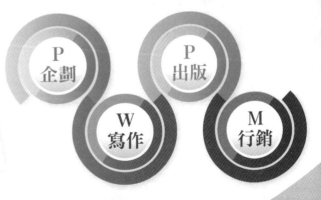

- **P** 企劃
- **P** 出版
- **W** 寫作
- **M** 行銷

當名片式微，
出書取代名片才是王道！！

《改變人生的首要方法
～出一本書》 ▶▶▶

新絲路視頻5
改變人生的
10個方法
5-1寫一本書

真永是真

指引人生大道的明燈！
真理指引の知識服務

跨時代 ☑
跨領域 ☑
融匯古今 ☑
中西互證 ☑

「真永是真」人生
大道，條條是經典，字字是真
理！王晴天大師率魔法講盟知識服務團隊
精選 999 個真理，打造「真永是真」人生大道叢
書，每一個真理均搭配書籍、視頻、課程等，並融入
了數千本書的知識點、古今中外成功人士的智慧經驗，全體系應用，360 度
全方位學習，讓你化盲點為轉機，為迷航人生提供真確的指引明燈！

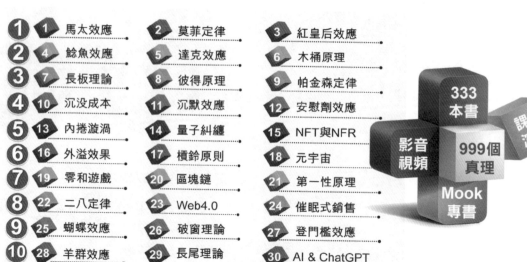

①	1 馬太效應	2 莫菲定律	3 紅皇后效應		
②	4 鯰魚效應	5 達克效應	6 木桶原理		
③	7 長板理論	8 彼得原理	9 帕金森定律		
④	10 沉沒成本	11 沉默效應	12 安慰劑效應		
⑤	13 內捲漩渦	14 量子糾纏	15 NFT與NFR		
⑥	16 外溢效果	17 槓鈴原則	18 元宇宙		
⑦	19 零和遊戲	20 區塊鏈	21 第一性原理		
⑧	22 二八定律	23 Web4.0	24 催眠式銷售		
⑨	25 蝴蝶效應	26 破窗理論	27 登門檻效應		
⑩	28 羊群效應	29 長尾理論	30 AI & ChatGPT		
⑪	31 天地人網	32 創業SOP	33 路徑依賴法則		……共 999 則

333 本書
課程
影音視頻
999個真理
Mook 專書

真永是真

真讀書會
生日趴 & 大咖聚

真讀書會來了！解你的知識焦慮症！

　　在王晴天大師的引導下，上千本書的知識點全都融入到每一場演講裡，讓您不僅能「獲取知識」，更「引發思考」，進而「做出改變」；如果您想體驗有別於導讀會形式的讀書會，歡迎來參加「真永是真·真讀書會」，真智慧也！

2023 場次	2024 場次
11/4（六）	**11/2（六）**
13:00~21:00	13:00~21:00

立即報名

📍 **地點：新店台北矽谷國際會議中心**
（新北市新店區北新路三段 223 號捷運大坪林站）

★ 超越《四庫全書》的「**真永是真**」人生大道叢書 ★

	中華文化瑰寶 清《四庫全書》	當代華文至寶 真永是真人生大道	絕世歷史珍寶 明《永樂大典》
總字數	8 億 **勝**	6 千萬字	3.7 億
冊數	36,304 冊 **勝**	333 冊	11,095 冊
延伸學習	無	視頻＆演講課程 **勝**	無
電子書	有	有 **勝**	無
NFT＆NFR	無	有 **勝**	無
實用性	有些已過時	符合現代應用 **勝**	已失散
叢書完整與可及性	收藏在故宮	完整且隨時可購閱 **勝**	大部分失散
可讀性	艱澀的文言文	現代白話文，易讀易懂 **勝**	深奧古文
國際版權	無	有 **勝**	無
歷史價值	1782 年成書	2023 年出版 **勝** 最晚成書，以現代的視角、觀點撰寫，最符合趨勢應用，後出轉精！	1407 年完成 **勝** 成書時間最早，珍貴的古董典籍。

> " 「真永是真」人生大道叢書，將是史上最偉大的知識服務智慧型工程！堪比《四庫全書》、《永樂大典》，收錄的是古今通用的道理，具實用性跨界整合的智慧，絕對值得典藏！ "

更多課程請洽（02）**8245-8318** 或上 silkbook○com www.silkbook.com 查詢

2023亞洲八大名師高峰會

創業培訓高峰會，人生由此開始改變！
為您一揭元宇宙·區塊鏈·NFT 的創新商業模式，
優勢無法永久持續，卻可以被不斷開創。

創富諮詢｜創富圓夢｜創富育成

免費入坐一般席，
邀請您一同跨界躍遷！

🕐 時間：2023 年 **6/10、6/11**
9：00 ～ 17：00

📍 地點：**新店台北矽谷**
（新北市新店區北新路三
段 223 號大坪林站）

加價 1,000 元入座 VIP 席
享 **尊爵級數萬元贈品**

贈 價值 $50000 史上重量級文案
銷售寶典《銷魂文案》

贈 7、8月八堂國一暑期英數先修班

贈 8/8 易經課程 + 國寶級大師卜卦

贈 8/19 WWDB642專班

立即訂位，保留 VIP 席位！

報名請掃碼

新趨勢
新商機
新布局
新人生

2023 亞洲·世華八大名師高峰會

創業培訓高峰會，錢進元宇宙·區塊鏈·NFT，
高CP 值的創業機密，讓您跨界創富！

6/10、6/11
10/21、10/22

☐ **亞洲八大名師高峰會**
時間▶2023 年 6/10、6/11
每日上午 9 點到下午 5 點

☐ **世界華人八大明師**
時間▶2023 年 10/21、10/22
每日上午 9 點到下午 5 點

地點▶新店台北矽谷《新北市新店區北新路三段 223 號 ◉ 大坪林站》

免費入場
券可入座一般席

更多詳細資訊請洽(02)8245-8318 或上 silkbook○com www.silkbook.com 查韵

2023世界華人八大明師高峰會

新趨勢｜新商機｜新布局｜新人生

八大盛會廣邀夢幻及魔法級導師傾囊相授，
各領域權威傳授**實戰・實效・實用**的創業 BM，
助您打造自動賺機器，一舉掌握低風險成功創業之鑰！

**免費入坐一般席，
邀請您一同躍進BI勝利組！**

⏰ 時間：2023年**10/21、10/22**
　　　　9：00 ～ 17：00

📍 地點：**新店台北矽谷**
（新北市新店區北新路三
段 223 號大坪林站）

報名請掃碼

加價 1,000 元入座VIP席
享 尊爵級數萬元贈品

贈 VIP 桌椅座席，結識大咖人脈
贈 價值 3 萬元的創業、創富寶典
《**HOW TO打造自動賺錢機器**》
贈 **11/11、11/12、11/25、11/26**
BU 四日班：
無敵談判＋轉介紹絕學

立即訂位，保留VIP席位！

2023 亞洲・世華八大名師高峰會

新趨勢
新商機
新布局
新人生

創業培訓高峰會，錢進元宇宙・區塊鏈・NFT，
高CP 值的創業機密，讓您跨界創富！

☐ **亞洲八大名師高峰會**
時間 ▶2023 年 6/10、6/11
每日上午 9 點到下午 5 點

☐ **世界華人八大明師**
時間 ▶2023 年 10/21、10/22
每日上午 9 點到下午 5 點

6/10、6/11
10/21、10/22

免費入場
持本券可入座一般席

地點 ▶ 新店台北矽谷（新北市新店區北新路三段 223 號 🌐 大坪林站）
更多詳細資訊請洽 (02) 8245-8318 或上 silkbook●com www.silkbook.com 查詢